本书受2017年度山西省哲学社会科学规划课题"媒介融合背景下讲好山西故事实践研究"资助

光明社科文库

媒介融合背景下讲好故事的实践研究

董晓玲◎著

光明日报出版社

图书在版编目（CIP）数据

媒介融合背景下讲好故事的实践研究 / 董晓玲著 . -- 北京：光明日报出版社，2019.6（2022.4 重印）

（光明社科文库）

ISBN 978 - 7 - 5194 - 5010 - 6

Ⅰ.①媒… Ⅱ.①董… Ⅲ.①对外政策—宣传工作—研究—中国 Ⅳ.①D820

中国版本图书馆 CIP 数据核字（2019）第 114095 号

媒介融合背景下讲好故事的实践研究

MEIJIE RONGHE BEIJING XIA JIANGHAO GUSHI DE SHIJIAN YANJIU

著　者：董晓玲

责任编辑：李壬杰　　　　　　　　　　责任校对：赵鸣鸣

封面设计：中联学林　　　　　　　　　责任印制：曹　净

出版发行：光明日报出版社

地　　址：北京市西城区永安路 106 号，100050

电　　话：010-67078251（咨询），010-63131930（邮购）

传　　真：010 - 67078227，67078255

网　　址：http://book.gmw.cn

E - mail：gmrbcbs@ gmw.cn

法律顾问：北京市兰台律师事务所龚柳方律师

印　　刷：三河市华东印刷有限公司

装　　订：三河市华东印刷有限公司

本书如有破损、缺页、装订错误，请与本社联系调换，电话：010-67019571

开　　本：170mm×240mm

字　　数：179 千字　　　　　　　　　印　　张：15

版　　次：2019 年 6 月第 1 版　　　　印　　次：2022 年 4 月第 2 次印刷

书　　号：ISBN 978 - 7 - 5194 - 5010 - 6

定　　价：85.00 元

前　言

2018年即将过去，这一年在中国新闻史上注定留下不寻常的一页。

2018年是中央电视台建台暨新中国电视事业诞生60周年。从1958年到2018年，风雨60年漫长新闻路，中国电视事业伴随着新中国的曲折发展一路前行。中共中央总书记、国家主席习近平在致信祝贺60周年时指出，中央电视台作为国家主流媒体，要锐意改革创新，壮大主流舆论，努力打造有强大引领力、传播力与影响力的国家一流新型主流媒体。

2018年是中国改革开放40周年，也是中国新闻事业伴随改革开放轰轰烈烈发展的40年。从纸质媒体的大繁荣，到广电媒体的大发展，再到如今气势磅礴的新媒体，中国的新闻事业已经成为中国事业中的一环，为新中国的发展做出了卓越的贡献。

2018年8月，全国宣传思想工作会议在京召开，习近平总书记在会议上指出，"要主动讲好中国共产党治国理政的故事、中国人民奋斗圆梦的故事、中国坚持和平发展合作共赢的故事，让世界更好了解中国"，讲好"三个故事"，让世界听见中国声音，让中国走向世界。改革开放下的中国正在逐步走向世界舞台，我们不仅有道路自信、制度自信与理论自信，还有文化自信。讲好中国故事，就是要提升中华文化的影响力。

2018年8月，中国互联网网络信息中心发布第42次《中国互联网网络发展状况统计报告》，报告指出截至2018年6月30日，中国网民规模达8.02亿，互联网普及率57.7%，中国手机网民规模达7.88亿，网民通过手机接入互联网的比例高达98.3%。互联网已经成为人们生活的必需品，从工作、学习到购物，它已经渗透到人们生活的方方面面。互联网的普及不仅改变了人们的生活，也改变了信息的传播模式。

新媒体的发展给传统媒体的发展带来了机遇和挑战。任何一种传统媒体都不会因为新媒体的发展而消亡，相反它会随着时代的发展而做出调整。在媒介融合的大背景下，传统媒体一方面要扬长，积极发挥自身优势，打造一流节目内容；另一方面要避短，积极与新媒体进行融合发展，通过融合使自身的触角得到延伸。在激烈的竞争下，各大媒体制作了一批优秀的节目，如爱奇艺的《奇葩说》，央视的《朗读者》《国家宝藏》等。

本书主要研究媒介融合的大背景下，传统媒体和新媒体如何在发展自身的前提下，讲好中国故事，传播好中国声音。选择这个主题研究的原因，一方面是媒介融合已经成为媒介发展的大趋势，融合之路早已开始，但至今仍在路上，只有快马扬鞭，抓住与新媒体融合的时机，才能不被时代淘汰；另一方面是紧密联系当前我国发展实际，中国在世界舞台上发挥着越来越重要的作用，讲好习近平总书记提出的"三个故事"已经成为媒体义不容辞的责任。

本人才疏学浅，书中如有不足之处，还请各位专家学者批评指点。

目 录
CONTENTS

第一章

纸质媒体讲好故事的实践研究

第一节　纸质媒体发展概论

纸质媒体在人类传播史上占有一席重要之地，它为人类文明的发展做出了巨大的贡献。随着新媒体时代的到来，纸质媒体的发展面临着巨大挑战。在媒介融合的大背景下，纸质媒体要想得到长足的发展，唯有紧随时代潮流，发挥优势，加快转型，才有发展的生机。

一、纸质媒体发展历程

（一）世界报纸发展史

1. 口头新闻时代和书写新闻时代

人类自从诞生，就开始了信息的传播。人类信息的传播经历了从口头新闻时代到手写新闻时代，从印刷新闻时代再到现在的电子信息时代。口头新闻传播时代，嘴既是最主要的传播工具，又是原始社会和封建社会采用的主要传播方式。文字的出现是人类文明的标志，造纸术、印刷术的发明是近代报刊产生的必要条件，廉价纸张的出现将人类推向了手写新闻时代。文艺复兴时期，出售手抄的新闻书之人，这是世界上最早从事新闻的人。市面上出售新闻书，实质上是在出售信息，所以新闻事业最本质的特征，新闻信息的属性在一开始就已经确立。新闻是满足人们对信息的需求而产生的，新闻事业的其他属性都是建立在信息属性的基础上。

2. 资产阶级革命时期的报纸事业

工业革命的到来，引起了一系列的变化。城市开始兴起，城市道路逐渐完善；教育开始普及，人们文化程度逐步提高；广告也逐渐增加。这些变化客观上为报纸的出现提供了丰富的养料，同时人们主观对信息的需求等条件的成熟，共同促使了人类新闻事业的产生。所以，新闻事业不是凭空产生的，而是社会需求的必然产物。

17世纪到18世纪，世界新闻报业经历了一个从无到有，从简单到复杂，从萌芽到成熟的过程。报纸从书籍中分离出来，形成了一个以传播信息为主要业务的独立行业。同时，还形成了报刊和期刊两个分支，书籍、期刊与报纸分工的明确化，预示着近代报业到达一个比较成熟的阶段。

3. 大众化报刊时代

资产阶级革命后期，随着政治民主化的完成，城市规模的扩张，工业经济的大发展以及交通电讯技术的提高，西方发达资本主义国家出现了大众化报刊。这些大众化的报刊在经济上保持独立，报纸售价较低，重点报道社会新闻，以社会中下层读者为主，以夸张的大标题吸引读者的注意，广告是其主要的收入来源。这一时期也称为廉价报纸时期，它是世界报业由幼稚趋于成熟的主要标志。与此同时，西方四大通讯社也开始兴起，分别是哈瓦斯通讯社、沃尔夫通讯社、路透社与美联社。通讯社的出现并非偶然，它是近代报业、近代资产阶级革命发展的必然结果。

资本主义经济本质上是一种竞争的经济，竞争的结果必然导致垄断。20世纪初在资本主义较发达的国家，报业发展走上了垄断化的道路，许多城市出现了"一城一报"的现象；二战后，垄断现象愈发严重，"一城一报"现象的普遍化，舆论也被少数垄断集团所控制，新闻自由制度受到了挑战。20世纪广播电视也随之发展起来，而中国的新闻事业也在西方国家侵略下，开始了漫长的发展历程。

4. 无产阶级报刊兴起

19世纪中期，随着工业革命的兴起，工人阶级也开始创办自己的报刊。早期的工人报刊虽然充满了理想主义的色彩，缺乏理论的指导，但为揭露资产阶级的压迫，启发工人阶级的觉悟做出了贡献。随着无产阶级革命的深入，马克思、恩格斯新闻思想逐渐成熟，无产阶级党报观念开始占领主战场，党报、党刊成为党的重要思想武器和政治阵地，捍卫了无产阶级的利益。马克思新闻观是科学的新闻观，是无产阶级新闻事业的工作指南。

（二）中国报纸发展史

中国纸质媒体的发展经历了外国侵略者在华办报、近代国人自办报、民族报业兴起、中国共产党党报及政党报刊和社会主义新闻事业5个阶段。

1. 中国近代报刊的产生，外国人在华办报

近代中国经济模式是自给自足的封建经济，这时期的中国不具备产生报纸这种商品的土壤，因此近代中国的报纸是西方的舶来品。中国新

闻史上最早用中文出版的报纸以及在我国用外文出版的近代化报刊，都是由外国人创办的。这些宗教性色彩浓重的报刊，是以传教为名，用来宣传殖民政策，为入侵中国做准备。

鸦片战争后，国门被打开，外国人在华办报有了进一步发展。商业性的报纸代替了宗教色彩的报纸，同时一些重大的政治事件能被及时报道。这一时期的外报主观上为入侵者在华服务，客观上却促进了中西文化的交流，促进了中国报业的发展，为闭关自守的国人打开了一扇了解外国的窗户，使国人认识到报刊的强大功能，从而产生了办报的渴望。自西方报刊传到中国，西方报刊的观念、办报模式与职业理念等也为国人办报提供了丰富的经验。

2. 国人办报活动的兴起

受西方近代办报思想的影响，国人开始自办了第一批报纸，就此揭开了中国新闻史发展新的一页。这些办报人大都受过西方教育，其办报宗旨基本模仿西方模式，报纸性质都是商业型的报纸，比较注重商业信息，对政治持保守态度，这与后来维新派的办报不同。同时，他们办报业务水平较高，比较注重报纸的真实性、时效性的要求。随着维新运动的兴起，维新派开始了自办报纸，他们办报的特点是比较注重政论，主要将评论与新闻报道融为一体，边叙边议，也称为"时务文体"。同时，注重新闻的采访工作，在报道中穿插新闻图片，重视对报纸的版面编辑，由此掀起中国新闻史上第一次办报高潮。随着资产阶级革命的兴起，以孙中山为代表的资产阶级革命派为革命办报，把报纸作为战斗的工具，利用报纸宣传自己的革命，认为报纸具有党派性，可以制造舆论，引导舆论，由此掀起了第二次国人办报高潮。

3. 近代民族报业的兴起

随着抗日战争和解放战争的爆发，中国无产阶级的报业诞生，国民党也创办了自己的新闻媒体，社会上的民主党派也随之创办了自己的报刊，专业的新闻报刊开始出现。最具代表性的是新记《大公报》，它提出了"不党""不卖""不私""不盲"四不方针，在中国新闻史上留下了光辉的一页。这一时期的新闻事业都是为配合抗日战争的宣传而展开的。1922 年，中国共产党创办了自己的第一份报刊《向导》，1941年创办了《解放日报》，这些都为新中国成立后我国的新闻事业发展打下了坚实的基础。

4. 中国共产党自己的新闻事业（改革开放前）

中国共产党的新闻事业经历了从无到有、曲折发展和步入正轨快速发展了个阶段。1949 年新中国成立后，我国的报纸结构发生了显著的变化，确立了新的报纸管理制度，决定对报纸企业实行企业化的经营；党的报纸事业发挥了传播信息、指导工作和宣传教育等方面的功能；报纸的政治属性、商品经济属性、信息属性以及文化属性得以发挥。到1966 年，我国已经完成了社会主义改造的任务，这一时期报纸数量猛增，宣传了一批先进模范人物，发挥了积极的作用。1966—1970 年，我国的报纸仅剩42 家，报纸的信息属性遭到了最严重的破坏①。

5. 改革开放后我国新闻事业大发展

1978 年党的十一届三中全会召开，确定了改革开放的路线。改革开放以来，中国报业积极改革，成为国家舆论的中坚力量。四十多年来，中国报业的发展与中国改革相伴而行，为社会主义的发展做出了巨

---

① 连福寅．中国报业经营管理五十年［J］．报刊管理，1994（4）．

大的贡献。1978—1988 年，新闻界重新认识到从事新闻必须遵循新闻报道的规律，新闻事业恢复了信息属性的功能，同时认识到新闻也是改革开放的一部分，是我国经济发展中的一环，经济属性的功能再次确立。1988—1998 年是中国报业大发展的十年，期间中国报业除了党报，晚报、都市报都繁荣起来，市场竞争和报业规模化、集约化是这一时期的重要特征，其中标志性的事件是 1996 年广州日报报业集团成立。

如果说 1998 年以前中国报业进入大发展阶段，那么 1998—2008 年，中国报业则迎来了鼎盛时期。这一时期，报业开始扩版，内容丰富，形式活泼；许多报社降低成本，多渠道进行发行，通过努力，许多报纸发行量超过百万；广告成为报纸主要收入来源，报业迎来了集团化大发展的春天。随着新媒体的兴起，中国报业在迎来发展机遇的同时也面临着重重危机。这一时期的报纸纷纷创办了网络版，截至 2008 年，大部分报纸都选择在互联网上安营扎寨。2008—2018 年中国报业又进入了曲折的发展阶段。当报业正高速发展时，新媒体的冲击使报业迎来了寒冬，读者流失，广告下跌，许多报纸行业的工作者跳槽到新媒体。这一时期，报纸发行量萎缩，报纸将如何进行转型成为报业从业者面临的一个难题。

中国的报业发展从诞生到萌芽，再到新中国成立后的全面发展经历了一百多年，截至目前已经形成了完整的报业体系，下一步将如何在曲折中发展则有待于深入研究。

二、纸质媒体的优势分析

在新媒体蓬勃发展前，纸质媒体在整个媒介系统中可以说占有绝对的优势。纸质媒体有悠久的发展历史，在长期的发展过程中，报纸、期刊等纸质媒体以严谨的制作态度、信息的原创性与极强的逻辑分析能力赢得了大众的认可和尊重，从人类传播历史上公认的第一份新闻报纸《每日纪闻》诞生起，纸质媒体在人类传播史上一直是人们获得信息最重要的手段之一。广播传播和电视传播出现后，就产生了"报纸消亡论"的断言，但纸质媒体不但没有消亡，反而蒸蒸日上，仍然展现出强大的生命力。具体而言，纸质媒体的优势如下：

（一）纸质媒体权威度和可信度高

纸质媒体经过上百年的发展，对新闻的真实性已经达成共识，新闻的真实性不容撼动。目前许多新媒体的发展尚未成熟，它的真实性尚不能保证，与纸质媒体相比，这是其发展的一大薄弱环节。传统纸质媒体在权威的政治经济新闻发布方面是新媒体无法替代的，更是新媒体无法企及的。即便是在新媒体发展的今天，纸质媒体的权威性和可信度在公众心中也从未发生动摇，许多民众对纸质媒体仍然十分重视。据一组调查数据显示，90%的民众表示，报纸比电视、新媒体更真实，更重要，更真诚，人们也更热爱报纸。

纸质媒体有专业记者、编辑、主编等明确的把关人，他们有较强的责任意识和担当，能对信息进行有效过滤。纸质媒体在新闻报道时，态度是严谨的，会对新闻事件的真实性进行调查研究，必要时会聘请相关方面的专家学者对报道的新闻事件进行深入的分析；网络媒体虽然保持着高速发展的状态，但更趋向自由、开放，这也为各种不良信息报道、谣言的产生提供了土壤。人们虽然能自由地接收信息，但人们在海量的信息中无法分辨何为真实信息，何为虚假信息；同时，网络媒体一部分信息来源于纸质媒体，许多都是转载、推送的信息，这也是网络媒体很难替代纸质媒体的原因。在每个省市都有主流媒体，每个城市的受众被不同层次的媒体包围，但读者最信任的还是党报。以山西为例，山西媒体市场上受众最信任的是《山西日报》，党报在当地始终有较大的影响力。总之，纸质媒体拥有良好的传播信誉和社会影响力，拥有网络媒体不具备的品牌优势，这是一笔巨大的无形资产。

（二）纸质媒体符合受众传统阅读习惯，固定用户群基数大

报纸是指定期出版发行的以传播信息为主的印刷品，由于定期出版，符合受众传统的阅读习惯，因此拥有固定的受众群体。我国报纸在经过数百年发展后，已形成不同门类、不同风格的各种专业化报纸，受众极为细化，针对性强，能满足各种用户的需求，且在长期的发行中培养了相对固定的受众群体。很多用户已经习惯了阅读报纸，因此新媒体无法取代传统报纸；同时，文字在传递信息的同时，也形成了自己独特的传承方式和风格。许多实力较强的报刊，在新闻报道的信息选择、叙事策略与办报方针思想上都有自己的一套标准，都是采编人员经过长期实践摸索出来的，它们从整体上表现出来的思想和艺术特色，为纸质媒体赢得了受众情感上的依赖。读者能从字里行间感受到报纸的独特魅力，而读者的注意力一旦被纸质媒体所吸引，就会养成固定的阅读习惯，他们每天从报纸上获得的不只是信息，更多的是审美和文化的享受，满足的是心理上的需求，这又是网络媒体无法比拟的优势。网络媒体方便快捷，在一定程度上能满足用户的需求，但无法从根源上满足用户的习惯和爱好。

（三）纸质媒体适合做深度报道

深度报道又被称为解释性报道，它是一种系统而深入的反映社会重大新闻事件和社会问题，阐明事件因果关系，揭示实质、追踪与探索事件的发展趋势的报道形式。甘惜分先生在《新闻学大辞典》中对深度

报道的解释是："它是运用解释、分析、预测等方法，从历史渊源、因果关系、矛盾演变、影响作用、发展趋势等方面报道新闻的形式"①。与一般报道相比，它更侧重于揭示事物的实质和意义，提供事件发生的历史背景，对错综复杂的形式做出解释并对事物前景做出预测。深度报道通过层层挖掘，将事物的本质和问题暴露在受众面前，解释他们产生的原因，让受众了解背后的东西，从更广阔的历史背景，更长远的角度来分析事物的发生、发展与演变，从而得到深刻的启迪。

纸质媒体的真实及深度报道是其安身立命之本。对新闻采写的系统性、连贯性和深度报道上的把握，是纸质媒体的一张王牌。有学者指出，真实、精炼的深度报道是立报之本，精彩的内容永远吸引读者。新媒体的一个巨大优势是即时传播，与新闻事件发生、发展同步，这是纸质媒体无法比拟的，但网络媒体在新闻事件的深度挖掘方面比较缺乏。纸质媒体的优势是用文字传播，在非常有限的版面上要尽可能争取到受众，所以纸质媒体的一个法宝就是深度报道，《南方周末》就是一个案例。《南方周末》近年来零售价一直在涨，但发行量却居高不下，原因之一就是其深度报道深得人心。它独特的深度报道已经成为报纸的一个标杆，成为读者选择阅读该报纸的一个重要原因，独特的报道风格助力该报纸脱颖而出，在激烈的市场竞争中占有一席之地。这也间接说明了传媒市场对深度报道还是有刚性需求的。

网络媒体在信息收集、处理和发布等方面仍然与纸质媒体存在比较大的差距，它在给受众带来海量信息的同时，也充斥着各种真假难辨的信息，使传播效果大打折扣。在信息时代，人们不仅需要了解发生了什

---

① 甘惜分. 新闻学大辞典［M］. 郑州：河南人民出版社，1993：212—213.

么事，还需要了解这件事情为什么会发生，将带来什么样的影响，而这正是报纸深度报道的核心优势；纸质媒体有自己的专业采访团队，成熟的采编体系和深厚的新闻经验，对新闻选题要求较高，有正确的新闻价值评判，对事件有自己独特的见解，能够引领舆论的方向，适合做深度报道。因此，在新媒体环境下，深度报道越来越受到纸质媒体的重视，许多报纸开设了深度报道专栏，并建立了自己的品牌。如《21世纪经济报道》以财经深度报道见长，《南方周末》以社会问题深度报道见长。同时，各大媒体对深度报道的定位也不尽相同，《南方周末》的口号是"深入成就深度"，《广州日报》的口号是"像大海一样深邃，像天空一样湛蓝"。

（四）纸质媒体掌握新闻采访主动权

根据国家相关规定，互联网站只有获得了新闻采访权才能独立采访并发布新闻。截至目前，大部分网站并没有获得采访权，仅有中新网、新华网等一些大型的网站有采访权，许多网站都是转载纸质媒体的报道，所以在新闻刊登方面有一定局限性，影响了新闻的覆盖面。纸质媒体则有独立的采访权，可以进行新闻原创，发布独家新闻，根据媒体的需求开展独立的采访活动，发布第一手的信息，满足读者对最新信息的需要，对信息进行整合，掌控信息的走向，因此具有网络媒体没有的优势。纸质媒体有高素质的采编队伍，具有掌握和分析信息的能力，商业网站上的信息虽然丰富，但任何人都可以自由发布信息，人们无法证实的信息太多，诚信度差，因此没有优势可言。

有研究人员指出，网络媒体看似独立，但在很长时间内还将依赖纸质媒体。主要表现在几个方面：一是信息源，尽管网上信息目不暇接，但大多数信息的第一来源还是纸质媒体；二是采集能力，网络媒体想组建自己的采访队伍，但在短时间内因受政策约束，还难以见效；三是经验，网络媒体还要学习纸质媒体经验，如页面布置、稿件归类等。

（五）纸质媒体其他优势

首先，报业集团都是在党报的整合下成立的，具有较强的资源整合优势，能调动各方面资源为其服务，如具有良好的资源调动能力对重大事件进行报道，具有良好的信誉进行市场上的融资，占有传播市场较大的份额；网络媒体集团化经营则刚刚起步，在一些硬性报道方面，除了新华网等一些大型网站外，其他网络媒体很难与纸质媒体抗衡。其次，纸质媒体还便于携带，直观性强，报纸的设计可随手翻阅；但手机、电脑等电子媒介，受网络等技术的限制，有些地方信号较差时就无法使用，此时纸质媒体的优势就很明显。再次，纸质媒体记录性好，可长期进行保存，便于重要信息的查找、收集和存档，且有一定的收藏价值，其用途多样化，成本低，购买价格低廉，制造也方便，目前在各大图书馆都对报纸进行存档以便于日后信息的查找。最后，纸质媒体需要读者用视觉来进行阅读，纸质阅读过程中还需要思考，增加了读者认知的主动性；读者可以自由选择阅读或放弃阅读哪些部分，哪些部分先读，哪些部分后读，读者还可以决定自己的认知程度，是仅有一点印象即可，还是将信息记住、记牢；读者还可以进行剪报，收集自己喜欢的信息，这是手机媒体发达的今天，短视频、浅阅读所不具备的。

总之，我国绝大多数纸质媒体的背景都是以党报为核心的报业集团，有着严密的采访、编辑和发布流程，其新闻的权威性、真实性、原创性、分析信息能力、舆论引导能力和强大的传播能力是任何新媒体无法企及的。

三、媒介融合背景下，纸质媒体面临的挑战

纸质媒体是指以纸质为载体，手写、印刷为记录手段而产生的信息媒体形式。一般讲纸质媒体分为报纸、图书与期刊等几大类，经过长时间的摸索、发展，纸质媒体已经形成了一套完整的发展体系。纸质媒体一路走来经历了广电媒体的冲击，然而网络媒体的高速发展，给纸质媒体的发展带来了前所未有的挑战。纸质媒体的发展存在着"终结论"的观点，即随着互联网的逐渐普及，网络已经是人们获取信息最重要的途径，纸质媒体会逐步走向终结；也有一部分人认为纸质媒体依然有自己发展的优势，可以与网络媒体并存。不管是哪种观点，有一个事实是纸质媒体的优势越来越不明显，发展的空间越来越狭窄。数据表明，在新媒体的冲击下，传统媒体的日子越来越难过，在过去的 2017 年，传统媒体通过重组合并进行资源整合，一部分媒体退出了市场，一部分关停并转，进行融合。

近年来，网络媒体的兴起颠覆了人们以往的观念，纸质媒体光鲜的时代已经一去不复返，媒体人纷纷改投新媒体的消息不绝于耳。纸质媒体面临的巨大挑战，具体表现为以下几点。

（一）纸质媒体广告收入急剧下滑

广告收入一直是纸质媒体最主要的来源，报纸的零售价甚至以低于成本价格进行出售，一个重要原因是广告收入的补贴。各大报业集团也早早成立了自己的广告部门，有些大型报刊，广告甚至占到版面的一半。互联网媒体在广告投放和传播方面有着非常明显优势条件，网络媒体为广告业提供了新的科技手段，降低了广告的成本。目前，互联网广告收入逐年上升，各大公司的市值也迅速攀升。然而，纸质媒体与互联

网呈现出截然相反的状态，由于广告成本高，与网络媒体广告在价格上形成巨大的落差，许多纸质媒体面临着丢失广告的危险。近年来，纸质媒体广告收入连年下滑，在激烈的市场竞争中逐渐失去了优势。而广告的收入与纸质媒体的发行量又相辅相成，广告一旦丢失，媒体就面临着经济方面的困难，经营一旦有困难，就不能谈及深远发展，这样循环下去，纸质媒体将举步维艰，面临严重的生存危机。在报业最发达的美国，由于广告收入的连年下滑，许多报业集团开始变卖资产、裁员，连续七年获得普利策新闻奖的《基督教科学箴言报》已经停止印刷，这可以说可能是众多纸质媒体未来的一个缩影。

（二）受众群被分流，年轻读者逐渐抛弃纸质媒体

中国互联网信息中心的数据表明，截至 2017 年 12 月，我国网民规模达 7.72 亿，其中 30 岁以下的网民数量超过了 70%；截至 2018 年 6 月，我国网民规模达 8.02 亿，互联网普及率 57.7%，其中手机网民规模达 7.88 亿，网民通过手机连接互联网比例高达 98.3%，大部分网民通过上网浏览新闻、娱乐信息并使用聊天软件进行通讯，网络成为网民获取信息的重要途径①。许多用户利用网络进行学习、工作与生活，用户对网络的依赖度不断提高，其中手机媒体的使用率更是逐年提高。虽然有部分的老年读者依然喜欢纸质媒体，但网民的平均年龄逐渐下降，消费能力较强的年轻读者几乎远离了纸质媒体，这使纸质媒体的发展受到严重影响，如果纸质媒体再不顺应时代潮流进行改革，最终难免被时代所抛弃。

---

① 中国互联网络信息中心．第 42 次《中国互联网络发展状况统计报告》［EB/OL］．中国网信网，2018－08－20.

有学者认为纸质媒体受众流失的原因之一是报纸与受众的互动性不强，无法与网络相较。在网络传播中，传受双方处于一种对等的关系，信息的发布者和信息的接收者可以互换信息，受众不再只是信息的被动接收者，更是信息的发布者与参与者，信息的传播双向性、互动性明显，网络媒体用户的黏性大大增强，用户的观点通过网络平台能有效地展示出来。而纸质媒介属于一对多的传播媒介，受媒介本身性质的制约，与受众的互动不及时，缺乏相应的反馈，致使纸质媒介的传播质量大打折扣。另外，纸质媒体在内容选择和深度报道方面受到版面等的限制，用户很难找到自己及感兴趣的东西，因此会影响到读者的阅读体验。当下，人们的生活越来越依赖于视觉媒体，网络上充斥着各种短视频的传播，视觉传播日益成为当下占主导地位的传播方式，相对于网络传播的视频、图片，纸质媒介的文字对受众的吸引力逐渐缩小。

（三）纸质媒体传播时效性差

纸质媒体的发展经历了新闻书到周报，再到日报、晚报、晨报，可以说随着时间的推移，纸质媒体的时效性越来越强。但是，纸质媒体的时效性与网络媒体的时效性仍然无法相较。现阶段，随着计算机网络的不断发展，信息传播的途径也呈现多元化的特点，手机和电脑的普及率越来越高，手机媒体和网络媒体成为信息传播的重要平台。网络媒体因其时效性强、自主选择性的特点，使受众能在第一时间获得信息，这无疑给纸质媒体带来了致命的冲击。而纸质媒体从信息选择到信息采集，最后再到信息的编辑、审核、发行，整个流程都需要时间，影响了信息传播的及时性，这与网络媒体的即时发布形成了很大的差距。网络媒体滚动新闻版块、新闻的及时更新，使网络新闻媒体的全时性传播得到实现，这样，网络媒体在新闻的时效性上，一方面能保证新的新闻快速传播，另一方面通过超链接又能使旧的新闻不失去意义，同时也不需要任何成本。

另外一个原因是，网络媒体时代，人人手里都有"麦克风"，每个人都可以成为信息的发布者，很多新闻事件都是由普通受众最先发现，他们通过手机、平板等移动网络终端对信息进行简单的编辑后传到网络上，或者通过微信、微博、博客等网络平台传递信息，久而久之，人们习惯通过网络在第一时间寻找最新资讯，对纸质媒体的使用率越来越低，纸质媒体的发展因此遭遇瓶颈。纸质媒体必须不断提高自身的价值，才能在网络时代占有一席之地。

（四）纸质媒体专业人才的流失

纸质媒体发展已经到了一个瓶颈期，许多纸质媒体的专业人才跳槽到新媒体，这对纸质媒体无疑是雪上加霜。据中国媒体发展报告相关数据指出，过去的 2017 年是传统媒体骨干人员流失最多的一年，一批资深传媒人离开传统媒体，跳槽到新媒体进行转型。另一方面，随着科技的不断发展，网络媒体传播技术的日益更新，网络媒体需要的人才也越来越多。进入网络平台门槛相对较低，大量刚毕业的本科生都进入新媒体平台工作。而纸质媒体对专业知识要求较高，从事门槛较高，况且当前报纸行业已经进入萎靡期，因此许多年轻人不愿意从事纸质媒体。纸质媒体出现的一个危机是专业性的人才大量缺口，影响了行业的开拓创新和发展。传统媒体留不住人才及年轻人才减少使行业发展更加不景气。一二十年前的新闻行业是承载理想的行业，如今越来越多的年轻人不愿意再在传统媒体里逗留。其中新闻院系毕业生的去向更进一步印证了传统媒体对年轻人已经没有吸引力。许多毕业生认为，新媒体对人才需求量大，相较于传统媒体有想象和创新空间，更加有活力适合年轻人，处于成长期的新媒体能带动年轻人一起成长，除了要求求职者有新闻采编能力外，还要求求职者具备技术使用、产品营销和市场分析等素质，能更快、更全面地提高从业者的工作能力；传统媒体则随着业务萎缩，招人越少，要求更高，更倾向于招专家型的记者，以推进媒体融合，这使刚毕业的大学生望而生畏，导致从事传统媒体的年轻人日渐减少。媒介融合时代需要创新型人才，而年轻人正是创新创业的主力，因此从事纸媒的年轻人越来越少，这比传统人才流失更可怕。一边是人才的流失，一边是新生代力量的短缺，传统媒体人才困难正在显现。

总之，在网络媒体时代，网络媒体占先天优势，纸质媒体江河日下。网络媒体庞大的受众群体，使纸质媒体面临着受众的流失；网络媒体具备成本低、时效性强、信息量大与信息多元的优势，使纸质媒体在时效性、广告业上面临巨大挑战。随着网络的覆盖率越来越高，未来人们获得资讯的方式也更加多元化，纸质媒体的风险无法规避。另一方面，随着纸质媒体价格逐年升高，无法突破信息量、互动性等瓶颈，纸媒的同行间竞争也愈加激烈，纸质媒体的生存环境日渐逼仄。

第二节　融媒体背景下纸质媒体发展对策

在媒介融合的大背景下，纸质媒体面临着巨大的挑战，要想得到长足的发展，必须进行变革，与新媒体进行融合，向大数据时代前进。具体而言，有以下几个建议：一是继续发挥纸质媒体自身的优势，即扬长；二是与新媒体进行融合，即补短；三是其他方面的建议，如打造地方品牌，占领市场。纸质媒体的转型发展充满未知，但不得裹足不前。

一、从纸质媒体自身进行改革，发挥优势，保持核心竞争力

纸质媒体经过数百年的发展，在历史长河里留下了深深的足印，在有文字记载的文明里占有一席之地。报纸给大众不仅传递了丰富的信息，还给人类留下了历史的记忆和珍贵的文献资料。即使在网络媒体发展的大背景下，报纸仍继续发挥着自己的使命，是人们不可或缺的媒介之一。网络媒体的兴起，使纸质媒体面临着衰落，全球的纸质媒体都面临着巨大的生存困境，同时全球的老新闻人都在探索着纸媒的转型之路。目前还没有结论说纸质媒体未来是存是亡，但如何尽快尽早进行转型是必须探索的问题。其中不可否认的一点是网络媒体时代，纸质媒体要想得到发展，还需要继续发挥纸质媒体自身的优势，不能放弃百年来纸媒立足之本。

（一）坚持新闻的真实性，让受众更加信任纸媒

新闻是维护社会稳定的重要武器，虚假新闻是制造社会混乱的罪魁祸首。网络媒体虽然有诸多优势，但它的劣势也不容忽略。当前，由于缺乏强有力的监管，网络上充斥着大量虚假伪劣信息，有些网站为了增加自己的点击率，或者出于不同的目的，不惜制作各种假标题、假新闻，严重影响了网络媒体的可信度和社会的稳定、安全。纸质媒体虽然在时效性和传播力度上不如网络媒体，但真实性却远高于网络媒体。

纸质媒体获取信息的速度和传播的力度都不及新媒体，但纸质媒体有着稿件选择的一套标准和严格的审稿制度，经过层层把关的信息，真实性能得到最大的保证，虚假新闻在纸质媒体上出现还是非常难的。同时，纸质媒体在各个环节都有着丰富的经验，这是新媒体在短期内无法企及的。因此，纸质媒体要想在网络媒体发达的今天溃围，就必须发挥

自身传统的优势，保证新闻的真实性，坚持新闻真实性原则，杜绝虚假信息通过纸质媒体而发布，使纸质媒体的公信力成为纸媒的一大着力点。只有这样，受众才会选择、信任纸质媒体，纸质媒体才能得到强大的发展动力。

（二）纸媒要坚持传播深度的内容，加强深度报道

网络媒体是一把双刃剑，虽然加快了信息传播的速度，但信息在传播内容的深度上却存在着严重的不足。每当重大的新闻事件发生时，网络媒体会出现各种与事件相关的信息，但由于传播的信息内容肤浅，许多信息真假难辨，人们只能从报纸上获取更加深入、更加可靠的信息。所以，不论今后新旧媒体格局如何变化发展，不同的传播方式只是形式上的变化，万变不离其宗的一点是，信息传播始终要以内容为核心，做到以"内容为王"；从另一个角度说，在信息时代，纸质媒体传播不论在时效性上，还是在硬件设施、技术条件上都无法与网络媒体抗衡，只有坚持以内容为核心，坚持深度的报道，坚持新闻的独创性，对现有的信息资源进行有效的整合，积极开发原创性的内容，才有可能在媒介竞争激烈的环境下占有一席之地。

在新媒体背景下，纸媒的发展方向已非常明确，即向新闻事件的最深处去开拓、挖掘。要增加报纸的传播效力，增强信息的品质，报纸在内容上就要多采取深度报道的形式。深度报道是纸质媒体号召力和说服力的一大表现，以深度报道为代表的新闻形式是纸媒占有市场的重要法宝。当新闻事件发生时，以理性、深刻、全方位、多角度、立体化的方式去观察和分析新闻事件，做到"人无我有""人有我优"，发现别人不曾发现的新闻关注点，以独特的角度去揭示新闻背后的新闻，做到有亮点、有卖点。纸质媒体要充分利用各种资源，发挥其深度报道的功

能，以系列报道、深度追踪等方式加强对新闻事件的分析和评论，以新颖的表现形式和深度的内容吸引受众关注度，以内容为引擎为自己谋取发展道路，提升自身的竞争力。可以在纸媒上办固定专栏，请专家学者针对社会问题进行多角度分析、研究。如《南方周末》以"深度、厚度、广度"为办报理念，为读者提供一种深度的分析，不仅增强了品牌的影响力，同时提高了读者对品牌的信任度、忠诚度。

与此同时，要关注不同的受众群体。报纸要善于分析读者的心理需求，满足不同读者的阅读需要。在这一点上，网络的海量简短信息，与纸质媒体是无法相比的。当下，纸质媒体的受众群体正在发生变化。随着受众群体的受教育程度不断提高，他们希望从纸质媒体上获得更有深度的报道，这也是他们远离网络上快餐信息的原因。纸质媒体可以对受众展开有效的研究，围绕不同受众群体进行有效的信息内容制作和传播，不断提高信息的细分度和深度，确保不同受众能从纸媒获得自己所需要的信息，为纸媒今后发展打下稳定的群众基础。

（三）纸媒要改革报道形式，提高视觉效果

随着网络媒体的发展，读者的阅读方式、阅读兴趣都发生了变化，在紧张的工作之余，大家都喜欢阅读轻松的信息，相较于文字信息，多样化的图片信息更受欢迎。这就要求纸质媒介在版面处理、新闻报道和表现形式上要根据读者口味的变化做出改变，即纸质媒体要创新报道形式，美化报纸版面，提高视觉效果。

在进行新闻报道时，纸质媒体要善于借鉴网络媒体，可以使用新的采写方式来进行信息的编排；用通俗易懂的方式和语言来还原信息事件；同时注重文字的风格，用准确、简明的文字来做信息报道。如在做新闻报道时，会在事件后加新闻述评；编辑时可以用资料、图片的形式，将背景和资料穿插其中，使阅读更具直观性。

当下网络媒体发达的时代，报刊的版面设计也是一种信息的表达，一个美观的版面不仅能成功地吸引读者的注意力，还能表现出一定的艺术性和美感。而纸质版面的设计有明显的视觉优势，如果一个纸质版面有长期固定的视觉风格，那这种视觉风格会给受众带来美的感受。版面的设计影响到视觉的传达，可以说实现版面的视觉性设计，增强版面的视觉感，成为纸媒的主要趋势之一。因此，要合理建构版面的布局，在承载信息的同时，纸媒通过版面的整合和设计可以再一次挖掘新闻的价值，如通过新闻标题的大小、报纸的分栏等提高读者视觉的冲击力，使读者在短时间内接收大量的信息，从而对信息做出选择和判断。同时，根据美学的相关原理美化版面，用图文并茂的方式增强版面的感染力。版面的设计具体就是将各自分散、独立与相关联的素材，分主次、轻重，有条理地组织在版面上，使其成为一个既完整又美观的有机整体。

版面的设计中，有几个细节需要注意。一是抓住第一版的强势元素。第一版比其他版面往往更能吸引读者的注意力，因此可以成为强势版面。现在的报纸大都把以大字号排在第一版，最重要的新闻称为"要闻版"。二是抓住文章标题和栏目元素。在日常浏览报刊时，我们经常会被新颖、精致的版面所吸引，在浏览一篇新闻时，首先会看新闻的标题。这主要是因为标题在整篇文字里最突出，色彩对比最强烈。因此要抓住此特点，力求设计能吸引受众的注意。三是"第一视觉"元素。版面是报纸内容的平面构成或视觉呈现，报刊要吸引读者的注意力，很大程度上取决于第一感觉。在进行版面设计时，要注意图、文、色、版式、视觉流程和形式感法则等几个要素的相互配合。

二、报网融合是纸质媒体再次发展的关键

新媒体的发展已经成为不可逆转的趋势，纸质媒体的数字化转型成为报业发展的必然之路。新媒体对于传统纸质媒体的冲击是世界性的问题，各大媒体都在积极应对。在这个议题中，需要把握的一点，无论是哪种媒介形式，核心的议题都是如何更好地传播信息。事实上，网络媒体大部分的信息还是来源于传统媒体，因此报网融合是最好的出路。纸质媒体是网络媒体信息的供应商，网络媒体再次提醒读者阅读报纸；报纸是网站的导航，网络媒体是报纸电子版的延伸，它们之间相互延伸、相互补充、相互交融①。

（一）纸质媒体从业人员理念必须转变

网络媒体的发展对纸媒的冲击力非常大，随着纸质成本的不断飙升以及发行量的不断下跌，纸质媒体只有与新媒体合作，才能拓宽自身发展的路子。鉴于此大部分的纸质媒体目前已完成转型，成立了自己的电子版面或完成了网站的建设，"两微一端"的建设也基本完成。虽然门户网站与电子版已建成，但许多纸媒的转型形式大于内容，许多网站只是报纸版面的再一次重复，点击率并不高。究其原因，纸媒新闻工作者的理念仍停留在纸质媒体时代，观念上没有转变过来。可以说，在大数据时代，传统媒体新闻工作者以纸质媒体第一位的理念向网络媒体第一位理念的转变是纸质媒体转型的根基，如果纸媒工作者的理念不转变，这一切的建设都会流于形式。具体来说，要促成纸媒工作者理念的转变，就要做到以下几点：

---

① 袁媛. 基于大数据的纸媒转型策略研究 [J]. 编辑学刊, 2018（5）.

1. 报网融合，但报网内容不能一样

在编辑室内，建立一个中央编辑工作室，这个工作室收发所有的新闻稿件，给报刊和网站分别提供不同的新闻，全面负责整合报刊和网站的工作。在具体的工作中，一名新闻工作者要分别给报刊和网站供稿，而且要符合纸媒和网络媒体的不同要求。由于报刊版面有限，只需要针对事件进行写作，而网站有超链接，关于新闻事件的背景以及相关图片等都要供给。报纸尽量刊发深度报道，在报纸末尾有指向网络版的超链接途径，中央编辑工作室的编辑将记者发回的文字稿件、图像与视频第一时间上传到网站上。每个记者还可以开设博客，以传达采访中的故事，真正做到报网联动。

同时，可以根据信息内容来选择和决定使用哪种媒介。如果读者希望看到报纸形式的，就将内容放在纸媒上；如果读者希望看到网络形式的，就将内容放在网站上；如果读者想随时随地看到信息，就将内容放在手机终端上。总之，读者喜欢什么形式就尽力以哪种方式呈现，以达到信息资源配置的最优化。纸媒和网站的融合，还可以通过纸媒对网站的内容进行提示，或扫描二维码直接能连接到手机媒体上，互通有无。

2. 坚持网络媒体优先，保证新闻时效性

既然网络版、电子版已经成立，就不能流于表面，而要建立全天候的新闻采编制度，24 小时不间断地采集和发布信息，特别是重大新闻发生时，必须将生产的新闻产品第一时间先发布到网站上。工作方式同样需要进行转变，纸质版面一般早上开一次例会，决定当天要采访的重要内容，下午编辑版面，晚上校对、印刷。有网站版后，晨会也需要决定网站版面当日发布的重大新闻，及如何与纸媒相互配合，从而达到最优的传播效果。

（二）提供优质内容是转型成功的核心

无论媒体如何发展，始终要做到"内容为王"。就纸媒而言，有效启动数字化发展战略，是在市场上赢得主动权的有效途径。但从报网融合情况来看网络媒体要成为纸媒发展的延伸和盈利点，必须找到其转型成功的核心着力点，而这个着力点就是"内容为王"。

1. 坚持传统的新闻价值观

转型中的纸质媒体要以提供优质内容为核心追求。努力打造纸媒和网媒内容的品质，通过提升纸媒和网媒的品质，提升核心竞争力，带动纸媒的发行量和网媒的点击率，以达到两者的双赢。为此，首先要做到的一点是坚持传统的价值观念。转型中纸媒真实、准确与全面报道新闻的价值观不能抛弃，未来纸媒若要获得长足的发展，传统的新闻价值观必须坚守。优质的新闻产品，首先是真实、准确的新闻，其次才是新颖的报道形式。而且，纸质媒体要坚持对受众进行积极引导，多传达、解读重大的时事政治、经济新闻，引导受众关心国家大事，坚守正确的新闻观。

纸质媒体和新兴媒体在融合过程中，应当以内容建设为核心，将"用户需求、开放共享"的思维融入到新闻报道中去，打造纸质媒体以内容为核心的优势。以上海的"澎湃新闻"为例，2013 年左右，上海智能手机的使用已经普及，在著名的《东方早报》团队的开拓下，2014 年创办了澎湃新闻。所有工作人员集体转型，身兼数职，既要为传统纸媒制做新闻，又要为新媒体服务。既要出版《东方早报》，又要给客户端提供优质的内容。在创办初期，澎湃新闻就确定了以"内容为王"的发展方向，事实证明，这就是其品牌经久不衰的主要原因。在创办的过程中，澎湃新闻没有将发力点集中到微博、微信等传播渠道，而是设立一个专门负责传播的平台，全天候发布信息，且保证一半以上信息是原创，同时设置 50 多个新闻栏目，供用户进行专业化的定制。在报道形式上，澎湃新闻通过官方微博、手机 App 及微信公众号等客户端实现与客户的实时互动，用户可以在互动社区与新闻人物互动，开拓新闻空间的同时，增加了用户的黏度，为其赢得了许多高端客户。

2. 利用大数据技术优化报道形式

高质量的大数据技术，是提升纸媒竞争力的一个重要手段。要想做好纸媒的转型工作，就必须做好大数据的搜集和整理工作。利用大数据技术平台的测试与统计，不仅可以实时分析受众在不同时段、不同地域的不同需求，还可以精准分析受众所需要的广告，以准确进行信息的投放。同时，大数据技术还能实现自动化新闻、数据新闻等新兴的报道形式。这样不仅能提高新闻的时效性和全面性，节省人力资本，同时融合媒体的报道形式还能提升用户的体验度，增强与用户之间的关联度。

（三）建设新型的传媒人才

任何时候的竞争，归根结底都是人才的竞争。纸媒的转型，就是人才的转型，如何组建一支全媒型的人才队伍，是纸媒转型成功的关键。民国著名记者黄远生的四能，腿能跑、耳能听、手能写和脑子能想，已经不能应对当下媒体发展形势，作为新媒体时代的记者还要学会摄像、摄影、图片处理、视频剪辑和动画制作等新闻业务。但是单将多技术作为评价大数据时代新闻人才的标准未免有失偏颇，具体还有以下几点要求：

1. 增加多媒体的编辑

转型网络的纸质媒体，比以前的工作更繁杂，需要全天候地发布新闻，因此可以多设置编辑的角色。可设置转稿编辑，记者在前线采访新闻，时间精力受限，而网站版的新闻又要求实时更新，因此前方记者可以联系转稿编辑，对发生的新闻事件进行口述，转稿编辑快速写成新闻稿，发布到网站上；也可以设置专门的新媒体编辑，全面负责新媒体新闻内容的发布和编辑；设置网络的多媒体编辑，负责用声音、图像与视频等多媒体要素进行新闻采编；还可以设置社交媒体编辑，专门负责社交媒体内容的选择、把关和发布等。总之，通过有效协调各个编辑的职责，使电子版面有效运转。

2. 建立新媒体的新型人才

对于传统报业采编经营管理的人才队伍建设，我们已经积累了丰富的经验，但是对于新媒体的专业技术人才、多媒体复合型人才、音视频制作人才等融合性人才，我们的培养和使用还有所欠缺，需要进一步研究。为了应对大数据时代新闻呈现方式的升级，媒体还必须增加新的角色。如多媒体技术复合型人才、新媒体制作人等，其中新媒体的制作人主要负责融媒体产品的策划，数据新闻等的制作、推广和运营及多媒体的呈现方式，多媒体的技术人员主要负责开发各类新媒体技术，以供记者快速处理搜集到的各种新闻以及快速处理一些音视频文件。

3. 鼓励团队进行合作，实现全媒体人才联合互动

传统纸媒中的采编人员，主要包括记者、编辑、校对、美工与排版等，具有单一性的特点，但是媒介融合时代出现了新的格局。如互联网运营师、网页设计制作师、互联网美工设计师、平台开发工程师、视频编辑师和动画制作师等，这些工作都具有交叉性、复合性的特点。全媒体型的采编队伍建设是纸媒转型的重中之重，新旧媒体可以互通有无，资源共享。盲目地追求全能型的记者是不现实的，因此要鼓励团队进行

合作，以实现资源最优化配置。在 2017 年"两会"期间，《深圳商报》读创客户端组成了 7 人的记者团队，在读创客户端及网站、微博及微信公众号平台上协同配合，成功报道了两会。纸媒和网络媒体平台新闻采编业务的融合，一方面需要专业采编人员，另一方面需要媒体人联合互动，才能实现全方位、多角度和时效性强的专业报道。

（四）充分利用社交媒体平台

社交媒体是一种传播的新形态，是指社会化媒体，允许人们撰写、分享、评价、讨论与相互沟通的网站。在社交媒体上人们可以自由交流意见、见解。现阶段，社交媒体主要包括博客、论坛与微信等形式。社交媒体的两大特点：一是人数众多，二是自发传播。近年来，社交媒体爆发出巨大的能量，其传播的信息已成为人们浏览互联网的重要内容。社交媒体不仅制造了一个又一个热门话题，也引得传统媒体争相跟进。它与传统媒体不同，通过不断交互和提炼能对某个主题达成共识，几乎不用花费任何费用，但影响速度、广度与深度是其他媒体不能比拟的。随着社交媒体的不断演进，人际传播和大众传播的界限越来越模糊，纸媒必须积极利用社交媒体来充实自己的内容，利用社交媒体提升自己的品牌影响力，加强纸媒和读者的关联度。

1. 尝试使用 UGC 产品

UGC 是指用户原创内容和用户生成内容，是伴随着 Web 2.0 概念兴起的互联网术语，它不是一个具体的业务，是一种用户使用互联网的新方式。网络媒体时代，用户既是网络内容的浏览者，又是网络内容的制造者，在这个平台上用户可以将自己原创内容通过互联网平台展示给其他用户。信息平台的管理工作浩如烟海，需要大量的信息处理，大数据技术的成熟为解决这一问题提供了途径。建议记者积极使用这一产品，它是了解信息的重要渠道。

2. 记者可以创建自己的社交媒体，扩大影响力

在网络媒体时代，记者可以通过社交媒体来进行新闻报道，将新闻事件的采访经过、新闻事件的所有信息加以整合，积极对新闻事件发表评论，并通过制作视频等多媒体的形式对新闻事件进行呈现，凭借个性化的表达方式抓住目标受众，扩大影响力。同时，在社交媒体上和受众亲密互动，搜集目标受众的意见，对报道内容进行讨论，最后利用大数据进行精准分析，为传统媒体改进提供有力依据。

3. 积极建立目标受众资料库

在社交媒体与受众的互动中，积极建立目标受众的资料库。如果没有网络赋予网民的主动权，社交媒体就失去了技术支持和群众基础，失去了发展的动力；如果没有技术支持的互动模式，互动性产品，网民的需求也只能被压制无法释放；如果没有意识到网民对于互动性和表达自我的强烈愿望，也不会催生出许多社交媒体的新技术。社交媒体是基于群众基础而得以发展的，所以记者在创建自己社交媒体的同时，必须积极建立目标受众资料库，进一步扩大群众基础。

（五）积极探索商业运转模式

虽然大多数的纸质媒体都已完成转型，但成功的商业模式并不多。只有转型并盈利，纸媒转型后的发展才有动力，纸媒与网媒才能进一步互动，相互融合发展。在这方面，可以借鉴国外报纸成功的经验。

《纽约时报》一直将数字化作为其发展的战略，坚持"网络是成功的平台"这一理念，将新技术的开发和新媒体业务放在重要位置。公司管理者曾提出，"该报纸出售的不是报纸，是新闻、知识和信息，《纽约时报》要做内容生产的领袖"。该公司从 1996 年经营网络版，点

击率是全美报纸网站的第一；积极与其他网站合作，将报纸新闻卖出，目前是许多大型网站的内容供应商。为促进报网融合，《纽约时报》为学生编写过课外学习资料和娱乐活动，将内容融入家庭生活，还让广告客户在纸媒和网媒上享有优惠政策。在许多改革下，《纽约时报》的发行量呈直线上升，目前该网站是全美最佳报纸网站。

1. 付费墙模式

纸媒具有传统媒介产品的缺陷，如高额的生产和发行成本、读者忠诚度的弱化，以及新技术和经济衰退被破坏的广告基础。对于这些缺陷，有一种解决方式便是对所阅读的内容进行付费。

《华尔街日报》是商业模式运行成功的模板。它已成功开辟出一条报纸与网站双向运作的良性结合路径，如今已是全球付费用户最多的网站和全球最成功的网上收费刊物。当许多报纸在建立电子版时，《华尔街日报》的网络版已经发展得极为成熟。它的网络版除了涵盖日报版所有的版面外，还有自己的琼斯产品资源下新闻报道和专栏文章，每天全球一千多名采编人员提供上千篇稿件给网络版面，严肃、高端与独家的内容，保证了网络版用户的忠诚度。这等于同时创造了一个新型的报刊，虽然是考虑了读者的需要，实际上是让读者将注意力转移到网络版上。最终，凡是网站用户在报纸发行前会获知纸质版面所有的内容，而纸媒的读者只能上网浏览少数的免费文章。

建立付费墙的一个目的就是将不订报纸的潜在读者拒之门外，产生一定的网上收益。21 世纪后，许多大型纸媒都对此模式进行了探究，如《泰晤士报》《金融时报》《纽约时报》等。相关媒体认为，因为新闻报道本身也是需要一定费用的，所以用付费墙模式是为了保持内容生产的优质性。如果不付费，就会削减成本使品牌贬值，破坏新闻价值，导致用户到其他媒体上获取新闻而得不偿失。

2. 免费模式

目前，国内大部分的纸媒网站版实行免费模式。免费模式也得到了许多受众的赞同，人们已经习惯了免费获取信息，如果建立信息付费墙，人们会选择不阅读该信息。互联网用户可以为一些特殊内容付费，但大多数人认为不应该为简单的新闻信息付费，相当多的信息应该免费提供。免费模式是信息的二次销售，纸质媒体只能通过在不同平台投放广告来获得利润。但这样做的一个弊端，网页中的广告占显著位置，喧宾夺主，影响新闻产品的质量。

三、纸质媒体发展的其他对策

（一）坚持品牌思想，打造地方品牌

在激烈的市场竞争中，纸质媒体要想脱颖而出，就要建立自己的品牌效应，进行渠道扩张，品牌建设；提高媒体报道的质量，以品牌来赢得受众的认同，开拓发展空间。网络媒体虽然数量庞大，但在本土新闻传播方面却不占优势，难以满足人们对本土化新闻的需求，这却是纸媒发展的一大有利因素。纸媒在品牌建设中，充分发挥地域优势，在了解周围环境的基础上，找准发展的路径，借助本土优势，打造地方媒体品牌。除此之外，纸质媒体与网络媒体的竞争中，要注意增强内容的实用性和针对性。

在本土化、品牌化方面，纸质媒体可以从这几点做起：首先，突出新闻的实用性，实用性是新闻的制胜之道。本土化并不是大量的报道本地琐屑的信息，而是具有实用性和可读性的新闻。其中多做独家新闻，体现较强的实用指导性。具体可以从平民化视角着手，以提高民众生活质量为目的，关注民生，选取和民生紧密相连的典型人物、热点事件来宣传报道，确保内容的可读性。其次，在语言使用上，选取的语言要紧贴群众生活，表达方式直截了当，坚持内容的服务性、趣味性。总之，地方媒体要想赢得公众关注，必须要真正融入到大众生活中去。

（二）创新营销，拓展盈利渠道

纸质媒体有着自己的新闻创作队伍，所传播的内容都是纸媒自己制作完成的。许多新媒体平台不进行新闻创作，依靠纸媒提供新闻。据相关数据统计，新媒体八成的信息都来源于纸质媒体。因此，纸媒需要对自己创作内容进行版权的保护，成为新闻内容的供应商，通过法律法规保护自己的权利。

纸媒的三大结构：新闻采编、媒体发行和传媒经营。它们相互之间逻辑关系紧密，新闻质量越高就越能吸引受众阅读，影响力就越大，关注的人就越多，投放广告就会增加；经营状况改善了，又可以吸引人才，采编队伍又可以增强，从而形成一个良性的循环。

在这几个环节里，营销手段也非常重要。纸质媒体可以通过搞策划、做活动与抓大放小等方式扩宽盈利渠道，争取更大的生存空间。广东的《东莞时报》在2013年时纸质媒体广告收入严重下滑，该报通过缩减版面少开支、搞策划、抓房地产等一系列路子，实现广告增长，又开始了新一轮的良性循环。

当下纸媒虽然面临着网媒严重的冲击，但是纸媒还没有到消亡的那一天，不能坐以待毙，要多开发营销渠道，在媒介经营管理的各个环节进行击破，达成开拓与创新。

（三）进行体制的改革

网络媒体在短短几十年的发展中，已经超过了以往任何一个媒体的发展，原因之一是传媒体制的牵制导致发展缓慢。传统纸媒虽然成立了报业集团，但管理体制还处在"事业性质、企业管理"的模式，受体制牵制导致传统纸媒无法长足发展。我们主张加速传统媒体体制改革的步伐，从国家层面深化传统媒体转企的改制工作，以管理作为突破口，弥补单一产权的不足，以股权激励、公开选拔等方式留住高层次传媒人才。如《浙江日报》报业集团引进互联网企业采取的人才激励方式进行岗位管理，2016 年东方明珠新媒体正式发布股权激励计划，2017 年深圳报业集团成为特殊管理股试点单位。

综上所述，在新媒体时代，纸质媒体受到了强大的冲击。纸质媒体暴露的问题也越来越突出，生存困境逐渐显露。要找到纸质媒体发展瓶颈的原因，并制定发展的策略：首先，继承传统纸媒的优势，坚持新闻的真实性，加强深度报道；其次，积极进行报网融合，加快传统从业人员理念转变，打造优质内容，建设新型的人才队伍，拓展社交媒体平台，探索成功的商业模式，促进现代意义的报业大发展，真正满足读者需求；最后，坚持打造本土优质品牌，创新盈利模式，争取最大化的发展。总之，只要纸质媒体直面挑战，发挥自身优势，积极寻求多元化的发展道路，努力拓展发展空间，满足受众需求，就会转危为安，获取长远发展。传统的媒体人要坚定新闻理想和信念，不断学习新技术、新知识，在历史的潮流中不忘初心，砥砺前行，争做优质内容的生产者、提供者和传播者。

第三节　融媒体背景下纸质媒体讲好故事的叙事策略

　　纸质媒体新闻叙事是新闻叙事的一种，它以发生的信息作为叙事内容，纸质媒体为承载，由叙述者纸质媒体的记者、编辑对新闻事件进行叙述，传达信息，表达意见，最终形成传递给信息接收者即受众的一个动态过程。好记者讲好故事，是当前对记者队伍提出的建议。记者不仅要将事实传达给受众，在传达的过程中还要讲究方式方法，而其中的一种方式便是讲故事。通过故事化的叙事策略，受众更容易接受事实，事实才能在受众那里留下痕迹。本篇内容研究的是融媒体背景下，纸质媒体讲好故事的叙事方式，并以相关的案例为研究内容，总结出一些经验。

一、纸质媒体新闻叙事初探

　　叙事学诞生于法国，它是关于叙事作品、叙述、叙述结构及叙述性的理论。具体说，叙述学就是关于叙述文本的理论，它注重对叙述文本进行技术分析。新闻叙述学将新闻叙事的规律、原理、方法及发展作为研究对象。齐爱军在《关于新闻叙事学理论框架的思考》一文中给出的定义是，新闻叙事学是以新闻文本作为研究对象，运用话语分析的研究方法，对新闻叙事行为和叙事策略进行科学研究①。

---

　　① 齐爱军. 关于新闻叙事学理论框架的思考 [J]. 现代传播，2006（8）.

（一）纸质媒体叙事概论

1. 新闻叙事学的研究对象

新闻叙事是对发生的事实进行真实的、客观的报道，但报道的主体是新闻人，因此又具有一定的倾向性。新闻报道的过程是一个意识形态建构的过程，是一个阐释意义的过程，因此新闻叙事人也是新闻叙事学研究的一个方面。新闻传播有一个完整的传播过程，新闻报道的最终环节是新闻接收者，因此，信息接收者和接收信息行为也在新闻叙事学研究的范围内。这样划分新闻叙事学应该包含4个方面，即新闻叙事人、新闻叙事事实、新闻叙事话语和新闻叙事接收者。这个理论框架，主要是从信息动态的流转过程来看的。

新闻叙事的本质是对新闻信息的传达，它研究的是新闻信息的流动及信息所产生的情感和认识。新闻叙事的3大部分是新闻素材、新闻故事和新闻文本。新闻素材是按照一定的顺序组织起来的一系列行为者所引起的或经历的事件；新闻故事是记者所阐述的新闻事实，即新闻事实在记者头脑中形成的能动反映；新闻叙事文本则是受众最终看到的语言符号组成的结构整体。新闻文本经过记者编码后，以一定的符号形式呈现在受众面前，受众通过对信息进行解码成为他们头脑中的事实。新闻叙事的素材是固定的，包括新闻发生的时间、地点、行为人。新闻素材要求我们必须遵循新闻真实性，但新闻叙事者层面的编排则按照一定顺序进行编排，包括叙述节奏、频道与聚焦等。新闻叙事者的文本层面其实探讨新闻叙事者是谁，但在新闻文本层面，叙事者是隐含的身份。

2. 研究新闻叙事学的意义

新闻在当今社会发挥了信息传递、提供休闲服务等作用。首先，新闻叙事给人们提供了一种讲故事的途径，从一定程度上说，新闻叙事已经是影响当今人们生活生产的一种方式；其次，新闻叙事满足了读者某种需求，著名的传播学大师施拉姆认为，我们阅读新闻其实是透过新闻叙事来确认自己与社会之间存在的某种心理或文化的联系，新闻叙事帮助大众完成了某种社会心灵仪式，满足了大众某种心理需求；最后，新闻叙事学促进了对新闻本质属性的回归，即如何一步一步达到新闻真实。新闻叙事带有一定主观成分的，而新闻的本质属性是真实，如何调和二者之间的矛盾，新闻叙事者在叙事的过程中如何做到新闻的客观性，是需要进一步研究的问题。

（二）纸质媒体叙事特征

1. 纸质媒体新闻叙事视角

任何一篇新闻作品，都必须有一定的叙事视角，因为当作者要展示一个叙事世界的时候，它不可能原封不动地将外在客观世界搬到纸质上，而必须要创造性地运用叙事规范和叙事策略来进行叙事。这里涉及叙事学一个非常重要的概念，即叙事视角，也就是这个新闻事件是谁看到的以及怎么看的问题。在叙述文本中，聚焦所涉及的是谁作为新闻视角、精神或心理感受的核心，叙述信息是通过谁的眼光观察或传达出来，在叙述文本中所表现出来的一切，受到谁的眼光的过滤，或者又是在谁的眼光限制下被传达出来。根据法国结构主义批评家热奈特关于"叙事聚焦"的分类法，将纸质媒体的新闻角度分为 3 类：一是零聚焦，即作为叙事者的视点不受到任何限制，这种叙事适用于一些有重大意义和深远影响的新闻报道，这种零聚焦叙事方式赋予了叙述者无所不知的权力，但叙事者必须尊重新闻事实；二是内聚焦，这是一种经常使用的方式，用于某个人物的视觉来叙事，记者视角就是典型的内聚焦，一般用两种方式展开：首先，是根据记者观察，以记者身份向受众讲述事实的经过，其次，是在体验式采访或亲历性报道中采用"我""我们"的第一人称口吻；三是外聚焦叙事，这是一种客观报道的叙事方式，叙事者只是客观报道信息事实，不做新闻背景介绍和人物内心独白，叙事者不会做任何推测、判断与评论，也不解释、干预事实，记者不会使用"记者观察到"相关字眼，它一般适用于消息、突发性报道和一句话新闻等。

2. 纸质媒体新闻叙事者

任何叙事都离不开叙事者，都会有一个叙事人。叙述者就是讲故事的人，荷兰当代著名叙事学家米克巴尔认为，叙事者就是"语言的主体，一种功能，而不是在构成本文的语言中表达其自身的个人"，即表达出构成文本语言符号的那个行为者，或其他媒体中与之相当的行为者。需要注意的是叙事者并不是作者，作者在写作时假定自己是在抄录叙事者的话语。"不仅叙述文本是被叙事者讲述出来的，叙事者自己也是被叙事出来的，不是常识认为的作者创造叙述者，而是叙事者讲述自身"①。关于叙述者，有两个层次：一是文本层叙事者，二是故事层叙事者。文本层叙事者即叙述符号的操作者，操作整个文本，这个是看不见摸不着的；故事层叙事者是文本层叙事者所引述的一个人物。

纸质媒体叙事作为叙事的一种，也存在叙事者。叙事者在整个叙事中占有重要地位，但是学术界对新闻的叙事者存在争议。第一种观点认为，新闻叙事者即记者、采访对象和编辑；第二种观点认为，叙事是一种功能，将叙述者人格化，将作者和叙述者概念等同。事实上，一条信

---

① 米克巴尔．叙事学：叙事理论导论［M］．北京：北京师范大学出版社，2015：212.

息的刊发是以报社的名义刊发的，而不是以记者个人名义刊发的，而信息受新闻价值、媒体编辑方针等的影响。因此记者是叙事者主要有 3 种表现方式：一是缺席讲述者，即记者像摄像机一样客观记录观察到的一切，语言呈现中性色彩，受众意识不到叙述者的声音；二是隐蔽叙事者，即新闻事实完全由记者来讲述，记者不出现在新闻中，是幕后的；三是公开叙事者，这时的叙事者可以是参与的，也可以是旁观的①。

纸质媒体叙事者一般具有这样几种功能：一是议程设置的功能，报纸新闻叙事者并不是对今天发生的所有事实都讲述，而是选择适合本报口味的信息加以讲述，根据沉默的螺旋理论，长此以往，纸媒设置议程的功能便显示出来；二是信息传播的功能，纸媒的诞生就是为了传递信息，如果不能传递信息，媒体便没有存在的价值，当然这里的信息可以是各种各样的；三是统一社会认知的功能，新闻媒体的一个重要功能是整合社会，通过大量的事实以及意见的发表，最终影响人们的价值观、是非观的判断，最终使人们对社会有一个大致统一的认识；四是干预、顺服功能，新闻叙事者通过所讲述的事实，以及不断的信息流来干预人们对事物的看法。

3. 纸质媒体新闻叙事话语的规定性

新闻叙事话语有固定的结构形式，大多数的话语都有固定的图式结构，新闻文本也隐藏着一种约定俗成的形式，称为新闻叙事图式。在新闻传播过程中，无论是传播者还是接收者，都在潜移默化中用这一图式来制作新闻和解读新闻。对新闻叙事展开深层次的研究可以对纸质媒体新闻发展有更加深入的理解。

---

① 聂志腾. 叙事学视域中的报纸新闻 [D]. 长沙：湖南师范大学，2007.

（1）纸质媒体新闻报道是一种书面话语的形式。书面话语形式受书写和印刷的要求和限制。在新闻写作过程中，必须是规范的书面语，用词必须准确。同时，由于报纸以纸张为载体，它还受着版面的限制，如稿件篇幅的长短，文章的排版，字体、字号等均要符合人们的阅读习惯。

（2）新闻话语的制作必须及时、快速。如今新媒体日益发展，电视、网络媒体的新闻报道已经实时化，它们都在新闻传播的速度上占有一席之地。因此，纸质媒体讲究新闻叙事的及时性是新闻话语的特征之一。

（3）以公众作为传播对象。纸质媒体的读者是广大社会群众，个体上存在差异，但在一定的地域、文化背景、知识与信念的情况下，纸质媒体具备大众传播的特点。

（4）新闻话语的公共化。从表面上看，每篇报道都由不同的记者完成，但是一篇新闻稿件代表的不是作者本人的观点，而是媒体的观点，因为新闻记者个人对信息的传播受媒体制度的约束。

二、媒介融合背景下纸质媒体如何讲好故事

（一）《重庆日报》"逐梦他乡重庆人"栏目讲好中国故事的叙事策略分析

2015 年《重庆日报》开展了"行进中国·精彩故事""逐梦他乡重庆人"的全媒体大型人物故事寻访报道，采访报道历经三年，横跨五洲，行程 33 万公里。"逐梦他乡重庆人"全媒体大型人物故事寻访活动，生动地再现了重庆人在异乡追梦的精彩故事，反映了中国人自信、自强、友善的精神，传递了社会正能量用自己的方式实现中国梦，是纸质媒体讲好中国故事的典型案例。该栏目获得第 27 届中国新闻奖一等奖，下面分析该栏目是如何讲好中国故事的①。

1. 新闻主题选择有高度、有厚度、有温度

"逐梦"主题的选择站得高，讲述者用一个个贴近重庆人的故事，触动了每个重庆游子内心最柔软的地方，充满了温情。同时，"逐梦"宣传活动在三年的时间里关注同一群体，跨越时间之长在新闻史上是少有的。在做宣传活动时不限于新闻报道本身，还组织采访者、采访对象走进高校分享自己的故事，并在全国开展征文大赛，编辑"逐梦"系列图书，通过一系列宣传扩大了影响力。栏目组通过持续的关注和拓展使"逐梦"主题活动激起了全市人民的自信心、自豪感和凝聚力。在系列报道里，三分之一的故事讲述重庆人在故乡的生活，三分之一讲述重庆人在他乡拼搏的故事，还有三分之一讲述重庆人与故乡的难解情缘。选择的采访对象有名人，也有普通人，这些人物的故事十分亲切，容易使人产生共鸣。他们将重庆人的精气神传播到了天南地北、世界各地，架起了重庆与外界世界沟通的桥梁。总之，以小见大的表现方式，"宏大叙事碎片化"的传播方式，从平民角度讲述传播，以国内外观众能听得懂、听得进去的方式，阐述了中国梦等宏大主题，将个体故事和时代主题完美结合，推进报道方式创新，这些都是使整个报道能收到好的效果的重要原因。

2. 宏大叙事碎片化表达

在"逐梦"系列采访过程中，将宏大叙事的主题化整为零，采用碎片化的表达方式，其中碎片化的表达有利于利用全媒体的形式进行传

① 新华社．"逐梦他乡重庆人"激发家国正能量［EB/OL］．华龙网，2016－08－05.

播。由于采访重庆本地人等原因使这些故事迅速在重庆人圈子里传播开，微信朋友圈、各种重庆公众号与客户端等都成为宣传的主要阵地。其中，"逐梦人气榜"评选的开展，吸引了众多网友进行投票，声势浩大，形成了良好的宣传氛围。"逐梦"的一个个碎片化的故事在境外也引起了关注，采访组在采访的过程中，美国、加拿大的总领事馆还要求提供当日的新闻报道，为他们网站提供素材。据悉，"逐梦"系列活动已经刊播了 280 多期的人物报道，有作家、运动员、英雄飞行员、社会普通人物、公众人物等，这些人物群像看起来散，但形散神不散，都围绕在外拼搏的重庆人这个主题，刻画了重庆人勇于拼搏，不畏艰险，性格豪爽的形象。媒体在报道时充分把握受众心理，以一个个具体的细节、典型事例增强了与受众之间的交流和互动，在讲故事过程中，巧妙引入了关爱、奉献与拼搏等时代精神，并传播了自强不息、兼济天下等优秀文化传统，引起了受众的共鸣。

3. 多角度挖掘提炼

在信息的征集过程中，由市宣传部引领，多渠道挖掘有新闻价值的人物线索，精心组织社会进行宣传，通过市里公交与机场等平台发布广告、制作专题网页以及电话推荐、邮箱、公众号等方式，收到了来自我国驻外领事馆、国外华人社团等社会各界推荐的新闻线索。在采访前，由组委会组织专家学者召开编前会，认真研究新闻素材，挖掘采访角度，尽量做到多视角、全方位。如采访对象在家乡的成长经历、在外奋斗的艰难历程和对家乡的深厚感情，提炼人物背后的时代机遇、社会环境和发展条件，然后记者分批深入采访。其中骨干力量远赴异国他乡对选定的对象进行采访，全方位还原给读者一个个有血有肉的重庆人物形象。

4. 这是一次媒介融合的成功试验

"逐梦"宣传活动，是媒体先进行采访，然后将主动权交给各大媒体和市场，最后形成了主题宣传活动全媒体共进的特点。应用全媒体的思维进行对外传播，"逐梦"突出人物寻访全媒体报道，实现了全媒体工作的应用。"逐梦"全媒体报道文字、图片与视频结合，3 种形式齐头并进，多种传播符号共同提升传播效果。可以说建立了一个统一指挥调度的采编平台，实现了逐梦人物故事一次采访、多种生成和多元传播。《重庆日报》电子版阅读屏滚动推出以 PPT 为呈现形式的报道，同一时间的同一篇报道传播介质高达十种。对同一人物的报道，24 小时内会在不同介质上统筹把握，使报纸、广播、电视与网络媒体各自发挥优势，形成有机配合。"逐梦"系列在投入机制上也进行了创新，有多家知名企业先后进行资金赞助，为栏目提供了有力保证，企业成为投资的主体①。可以说投资企业不仅宣传了自己的产品，进行了广告投资，还将主题宣传报道融入其中。迄今已有 20 多位逐梦人为重庆的发展进行投资，回馈家乡。同时，这次报道还注重互动体验，《重庆日报》、重庆卫视、重庆华龙网等媒体根据受众需求，将文字、图片与视频等方式相融合，多角度、全方位讲好重庆人的逐梦故事。栏目还注重用户体验和互动，开放了"人气榜"等的评选活动、征文大赛，让受众参与到内容的制作中，最大化地扩大了重庆故事的影响力。

5. 一组平民化视角折射时代主题

截至 2018 年 6 月，"逐梦"系列共采访了 522 位人物的圆梦故事，

---

① 蔡雯. 在全媒体传播中推进新闻报道创新——兼评"逐梦他乡重庆人"全媒体大型人物故事寻访［J］. 新闻战线, 2016（13）.

生动阐释了中国梦是每个人民的梦的主题。采访的这些人物中包括学生、小业主和彩棉工等，他们都体现了一种坚定的信念和爱国爱家乡、自强不息的精神。讲述重庆故事，彰显时代精神，用每一个中国人和中国家庭的精彩故事阐述中国梦；同时这是一次成功的国家形象、城市形象的宣传。这次活动激发了广大市民对家乡的自豪感、自信心和凝聚力，提升了重庆的城市形象和中国形象。"逐梦"系列被《人民日报》、新华网等多家媒体报道、转载，各大客户端、网站跟帖和微博讨论数量巨大，入选国家外文局"对外传播十大案例"。这还是一次扎实的"走转访"案例，三年里，媒体的 400 多位记者踏遍了全国各大省市和 22 个国家，总行程达到 33 万公里；在非洲采访了 45 天，并且在苏丹、利比亚等国家都留下了记者的足迹。记者深入一线后，文风转变，获得了大量的素材，报道了一批有思想、有温度的作品。

中国新闻奖对这篇稿件给出的推荐意见是，"逐梦"系列是《重庆日报》系列报道栏目，栏目定位于他乡有积极榜样作用的重庆人，在报道追踪他们梦想践行的故事，实际上展现了个人梦与国家梦的交汇。栏目对被报道对象的选择有严格、明确的标准，他们都是正面、积极与有示范意义的重庆出身者；对本地人民而言，都与同一座城市有某种血缘关系，并联系着他们与被报道者，由此望见一个美丽新世界。习近平总书记在十九大报告里强调，要提高新闻舆论的传播力、引导力、影响力和公信力。讲好中国故事是每一个记者义不容辞的责任和义务。

（二）好故事"老郭脱贫记"的讲述策略

第 27 届中国新闻奖评选中，人民日报社记者马跃峰采写的新闻通讯"老郭脱贫记"荣获一等奖，这篇通讯为读者讲述了中国大地上一个典型的政策脱贫故事。这篇通讯是记者经过深入思考，在紧扣时代主题的前提下，用小切口展现大主题，可以说记者真正做到了用脚步丈量时代，将新闻写在了大地。经过翻大山、坐炕头、迈开双腿、撸起袖子、手握紧和心贴近地，经过这样的深入挖掘，记者才将一篇散发着泥土芬芳的报道呈现给读者。这篇带着中国味道的报道，更像一篇精彩的小小说，富有个性的语言、鲜活的故事情节与一波三折的人物命运都浓缩其中。记者通过小切口讲了一个时代的大主题，是值得学习的一篇稿件。

1. 小切口展现大主题

2018 年是改革开放 40 周年，40 年在历史的长河中是短暂的一瞬，但中国经济发展及社会面貌却呈现出几何式的增长，发生了翻天覆地的变化。在这 40 年里，中国特色社会主义迈入了一个新时代，社会的每一个小的群体都在记录着中国时代的变迁。时代的变迁离不开新闻的讲述，"老郭脱贫记"以小切口的打开方式，讲述了我党践行全面脱贫的政策，记录时代变迁，折射时代之美。全文没有任何渲染，而是巧妙构思，以小人物的家庭故事徐徐展开，不渲染、不高调，以最质朴的表现方式彰显我国扶贫政策的效果。

新闻一般由 6 个要素构成，即时间、地点、人物、事件、事件发生的原因及结果。在新闻文本叙事里主要涉及的几个环节是叙事者、叙事话语与叙事结构，即讲故事的人是谁、怎样讲故事、讲一个什么样的故事。其中新闻事件是客观存在的，叙事者和叙事话语是有策略，讲究艺术的。要讲好一个新闻故事既需要吃透国家政策，又需要深入基层，用心寻找。"老郭脱贫记"就是在这样的背景下产生的。2016 年年底《人民日报》开设了"2016，我们脱贫了"栏目，该栏目由人民日报社新闻协调部和地方部统筹。在采编的过程中，要求记者深入现场，在确保内容真实准确的基础上，既对新闻事件进行故事化的讲述，又要符合国家脱贫政策，努力把握稿件质量。2016 年河南省委、省政府部署的脱贫攻坚进入了关键环节，在这两大背景下，才有了"老郭脱贫记"这个好故事。

本篇稿件的记者在做蹲点采访时，先到老郭的家里、猪棚里，一口气与老郭聊了两个多小时，跟着老郭跑田地、看现场，与老郭边走边聊，一起算产业账，就这样慢慢发现了老郭的与众不同：吃低保、安排公益岗是老郭应得的，但他总想让出去，不躺在政策的温床上。发现这一内生动力的典型，记者的灵感得以激发，不回避矛盾和冲突，写出老郭年轻时不穷、因儿子患病致穷、自己打工得了脑梗病、享受到扶贫致富和通过种药材致富等故事，最后很快就完成了稿件的写作。稿件的成功与记者上知政策、下蹲点扎实采访密不可分。

2. 改进文风，讲好故事

好文风源自记者的好习惯、好作风，记者编辑"走出去""走下去""走进去"，为报纸版面、网络版面与手机界面增加了一批"沾泥土""冒热气"的精品。记者写的"老郭脱贫记"，鲜活真实，情感真挚，将农村容貌的巨变，群众脱贫的喜悦，干部扶贫的成绩，活现于纸上，稿件在见报后，引起强烈的反响。本稿在中宣部新春走基层活动中，受到广泛的好评，并获 2016 年度人民日报社精品奖。

这篇文章之所以是一篇上乘的佳作，与作者扎实的写作功底分不开。文章开篇就亮出了一个生动的老郭，如老郭总想把贫困户让出去的行为让人不可思议，使人想一探究竟，一下子就吸引了读者的注意力；接下来文章主体部分第二段，作者以讲故事的形式给观众解惑，原来老郭因为儿子生病才欠债以至于无法脱贫；接下来作者笔锋一转，写了老郭所在的封丘县对因病致穷采取的扶贫政策以及对贫困户的帮扶政策，如老郭一家准备种中药材，这时作者通过老郭老伴、村支书和老郭生动的话语，向读者展现了老郭的担忧；文章的最后，作者和老郭算一笔数字账，展现了老郭内心的喜悦。通篇文章，作者隐身幕后，没有一句发言和说教，主要通过人物生动的话语、并用一组组数字向观众展示了一个真实生动的老郭，文笔洗练、段落层次停顿把握得好和数字运用得谨慎，都在读者能接受的范围内。在业界曾有这样的说法，每篇文章多一组数字就少一半读者，但这篇文章的数字运用的极佳，便很能说明问题；同时，段落层次分明，短短的一千字文章，却用了11段，每段平均不到百字，通过多分段，使文章看起来更加明快，既符合人们对新闻的阅读习惯，又非常快地看完整篇十分生动的文章。这篇文章能获得中国新闻奖一等奖作品，是作者扎实采访的结果，是作者新闻写作水平的精彩展现，同时也是作者吃透国家扶贫政策的结果，更是新时期优秀记者综合素质的一次完美展现。

2017年1月，人民日报社全媒体大厅正式启用，"中央厨房"机制首次运用到"新春走基层"活动中，人民网、"两微一端"等新媒体，在首页首屏开设专栏，综合运用直播、动漫与微视频等多种形式，实现了话筒进农家，直播到田头。而"老郭脱贫记"就是这次报道的一个成果展现。

第四节　纸质媒体讲好故事的案例分析

本文节选了第26届中国新闻奖一等奖消息作品《629户人的藏乡

走出359名大学生》和第26届中国新闻奖文字消息作品做分析以及山西运城《黄河晨报》对河东文化的传播报道为例。

一、案例《629户人的藏乡走出359名大学生》评析

在第26届中国新闻奖评选中，由《四川日报》记者徐中成创作的《629户人的藏乡走出359名大学生》获文字消息类一等奖。这篇作品是《四川日报》响应中宣部在全国媒体中推出"行进中国精彩故事"专栏中的重点稿件，是记者在"走转改"活动中翻越雪山，深入偏远藏区抓到的"活鱼"，是一篇深化"三贴近"的新闻佳作。

（一）主题重大，舆论导向正确

2016年2月习近平总书记在党的新闻舆论座谈会上提出，在新时代下党的新闻工作必须牢牢坚持正确引导舆论，牢牢坚持正面宣传为主。对偏远藏区教育的关注体现了记者较强的政治意识、大局意识以及新闻媒体的责任担当，同时具有示范引导意义，为构建和谐社会发挥了媒体应有的作用。

1. 全局性

《629户人的藏乡走出359名大学生》紧扣时代主题，唱响了主旋律。2015年中央在对藏区座谈会上指出"富民兴藏、长期建藏，凝聚人心"等治藏方针。该报道通过事实描述了教育落后、人才匮乏是藏区发展的短板，折射了发展教育、培养人才是治理藏区的必由之路，与中央相关政策一脉相承。

2. 指导性

该篇新闻作品具有重要先导性价值，舆论导向正确。中国新闻奖已经评选了26届，之所以开展此评选活动，是为了发挥新闻作品的示范指导作用，推动新闻媒体和新闻工作者坚持正确的舆论引导。这篇作品是记者长期驻守藏区、深入基层采访后抓到的典型，是一篇来自基层的报道。该作品刊发在 2015 年 3 月 26 日《四川日报》头版显著位置，同时配合推出短评"人口素质的量变，带来农村发展的质变"，形成了强大的舆论声势。作品刊发后被人民网、中国西藏网等众多媒体转载，社会反响热烈，不少地方还组队到求吉乡取经，该乡的经验得以系统总结并在四川藏区推广。

（二）采访深入，用事实说话

《629 户人的藏乡走出 359 名大学生》是记者在践行四川新闻战线"走转改"大型采访活动中，通过蹲点得到的素材。

当前，少数民族地区相对落后，一个重要原因是群众受教育程度低，"读书无用论"还占有一定市场。在偏远藏区的求吉乡采访时，记者发现全乡的 629 户人走出 359 名大学生这个可知可感的正能量典型后，当即蹲点村庄，对农牧民送子女上大学背后的故事进行抽丝剥茧的调查。在作品刊发前，记者进行了深入、细致的采访，报道里呈现了普通村民、村委主任、乡党委书记与大学生等关键人物，文章生动叙述农牧民的命运起伏和人生感悟，采访扎实，使整个消息极具说服力。

胡乔木同志曾在《人人都要会写新闻》中说："最有力量的意见，是一种无形的意见。从作品叙述上看，作者只是从客观实际出发叙述他所见到的和听到的，这样，受众就觉得自己从作品中接收到的是事实，而不是记者的看法或者意见。"通过事实来发表意见，西方新闻界称为"藏舌头"。作品《629 户人的藏乡走出 359 名大学生》就用了大量的事实来说话。

1. 用直接引语说话

西方记者把直接引语称为"新闻写作中不可分割的部分"，在这篇不足千字的报道里共出现了 9 处直接引语，例如葛哇村村主任仁卓说，"这两年，别人想在我们村寨娶走个媳妇都难"；下黄寨村村民尼多美说，"我小学二年级没读完，好多路碑认不到，找路很不方便"。这些朴实的话语使读者身临其境，既有"镜头感"，又富有说服力。

2. 用背景材料说话

求吉乡是阿坝州若尔盖县一个小乡镇，仅有的 7 个村却是全县走出大学生最多的乡镇，还出了全县第一个留学生。偏远的乡镇与全县大学生最多的乡镇形成了一组对比，偏远的乡镇和全县第一个留学生也形成了一组对比，通过对比，作者不用多着笔墨便使读者深解其意。

3. 用典型事实说话

在新闻作品里以一当十的事实就是典型的事实。例如报道中上黄寨村村民与其他村的村民不比吃、不比穿，却比教育，规定凡是考上大学的都给予一千元奖励，原因是他们村的大学生比临近几个村的大学生少。作者通过这个典型的事实，反映出农牧民对教育朴素执着的情怀。

（三）语言质朴，细节生动

语言大师老舍说"世界上最好的文字，就是最亲切的文字"。我国老一辈新闻工作者也坚持从到群众中来，到群众中去，学习群众语言，采集群众语言，从而使新闻语言为群众所喜闻乐见。这篇作品里记者采访的都是农牧民，其中多用口语化的表达，不用那些修饰性的语言，因此整个作品风格质朴真诚。例如"这两年，别人想在我们村里娶走个媳妇都难""我小学二年级没毕业，好多路牌都认不到，找路很不方便"，这些大白话，通俗明白，平易近人，让老百姓看得懂，愿意看，使作品有"留得下、传得开"的特质。

细节是一种细微的、容易被忽略掉的成份，但却能影响整个新闻作品的质量。优秀新闻作品的力量来自作品中展示的那些明确的、具体的与真实的细节。细节是优秀新闻作品的亮点，将读者与作品的距离缩小，一个好的细节胜过千言万语。

作品《629 户人的藏乡走出 359 名大学生》采访时，记者长期驻守边远藏区蹲点，将许多细节融入到新闻作品中。如牧民巴千学不识字，跑运输时要记录饭店电话时，就在电话本上画个碗和筷子，配上数字，这一生动的细节将农牧民没有文化的困境展示得活灵活现；求吉乡村民们千方百计筹措教育费用，有的不惜卖掉家中全部牦牛，这一细节反映了贫困家庭卖牦牛筹学费的现实困境；村里对考上大学的学生每户凑一两百元给他们当学费，这又是一个温情的细节。这些有冲击、有感动、有希望和有光明的细节，具有强烈的感染力和说服力，有力发挥了新闻作品"成风化人"的作用。

（四）篇幅短小，结构完整

"消息应该短些、短些、再短些"。评选中国新闻奖对参评作品的篇幅与字数都有具体的要求：文字消息在千字以内。记者艾丰有一个很形象的说法，他认为人们在形容难读懂的作品时，往往用"难啃"这个词，因此要使新闻作品可读性强，就要把"啃"变成"吃"，变成"嚼"。但新闻作品往往较"碎"，"碎"了才好"嚼"，如何打"碎"作品呢？就要做到短段落，多分段。

作品《629 户人的藏乡走出 359 名大学生》共 943 字，分 11 段，每段平均不到 85 字，是一篇短小精悍的新闻作品。尽管这只是一篇900 多字的消息，但报道不夸大、不渲染，让当事人以讲故事的形式，逐步阐述了农牧民对教育重视的原因，层次分明，简洁明快。

该作品从整体上看结构完整。首先，标题醒目、明了。《629 户人的藏乡走出 359 名大学生》的标题直指文章内容，一目了然。动词"走出"，给人一种蓬勃向上的画面感。其次，导语引人入胜。导语段通过设置悬念，"这两年，别人想在我们村娶个媳妇都难"，让人眼前一亮，吸引读者追问为何难？原来村里 629 户就出了 359 名大学生，年轻人都出门上大学去了。作者用以点带面的形式既引起了读者的兴趣，又介绍了作品的主要内容。同时，导语中使用直接引语，很有现场感，为大题材增添了小细节，增强了消息的可读性。

作品的第二段是新闻背景。629 户走出了 329 名大学生，这在内地发达地区也是一个不错的数据，更何况是偏远的藏乡，背景介绍因为显示出强烈的新闻价值，再次吸引读者读下去。

文章的主体部分作者充分利用"断裂行文"的结构，通过真实鲜活的故事、典型的事例与朴实无华的文字，多角度、多层次地呈现了农牧民重视教育的原因及背后的付出，使作品有故事、有现场和有细节，充满了满满的正能量。

新闻作品可以没有结尾，但该作品的最后两段却是神来之笔。它传达了一个重要的信息：求吉乡培养的大学生毕业后 90% 都回到了乡里工作。这是一个良性循环，很好地将"教育促进发展，知识改变命运"的新教育理念融入叙事之中。

（五）结语

综上所述，这篇作品导向正确、观点鲜明、事例典型且叙事充分，是一篇新闻佳作。报道中提到一句，社会各界募集爱心资金 70 余万元对乡里大学生进行资助。70 余万在文中是个很抽象的数字，读者看到后对这个数字没有明确的概念，如果对这个数字加以解释，如这笔钱够乡里大学生一年所有开支，读者会更容易理解些。

二、第 26 届中国新闻奖文字消息类获奖作品特色评析

第 26 届中国新闻奖共计 256 件获奖作品，包括文字消息类、文字通讯类、广播专题类、电视评论类、电视直播类与网络新闻类等 32 个项目。其中文字消息类作品是每年新闻奖的重头戏，本届文字消息类获奖作品共 21 篇，约占 8%。在这 21 篇文字消息类获奖作品中，一等奖作品 1 篇，二等奖作品 8 篇，三等奖作品 12 篇；从内容上看获奖作品涉及政治、经济、民生、社会、法律与军事等各个方面。

完成一篇新闻作品要经过选题、采访和写作三个环节，本文将从这三个环节对本届文字消息类获奖的 21 篇新闻精品进行评析。

（一）从新闻选题看

新闻选题就是媒体想报道什么样的内容和从哪个角度去报道。通常选题做得好，新闻报道就会出彩。综观这 21 篇新闻作品，可以划分为以下四个选题：

1. 重大新闻报道

这类报道是指事关国家发展战略，题材重大的新闻事件，主要涉及政治类、经济类新闻。新闻的重大性是新闻选题最重要的一条标准。

二等奖作品《科技日报》创作的《700 吨氰化钠已找到，尚未发生大范围泄漏》是 2015 年 8 月 12 日天津滨海发生爆炸事故后，记者针对有关氰化钠大范围泄露的不实传言所做的独家报道。这篇报道既消除了民众恐慌，又发挥了重大公共安全事件中稳定人心的作用。三等奖作品《流失境外的 32 件珍贵文物回归甘肃》，是甘肃日报社的记者密切关注

文物回归这一国家大事所作的独家报道，记者意识到这 32 件文物回归的重大意义，因此作品体现了较高的新闻价值。

2. 典型新闻报道

典型类报道是新闻选题的热点。它是新闻媒体依据党的方针、政策推出的具有时代意义的人和事物的报道。

一等奖作品《629 户人的藏乡走出 359 名大学生》报道了四川偏僻的藏区求吉乡的村民通过知识改变命运，培养出很多优秀大学生的事迹，作品显示出强烈的新闻性和重大典型意义，作品发表后，不少地方组队到求吉乡求取经验。三等奖作品《把七千多人的信息装在脑中里》是《光明日报》报道的重大典型人物——基层干部关松发同志的事迹。这一典型人物彰显了权为民所用、权为民所系的时代主题。

3. 首发类新闻报道

这类报道是独家权威报道，是具有标志性里程碑意义的"第一"报道。

二等奖作品《农民租飞机给农田喷药》讲种粮大户个人出资为托管土地用飞机喷药一事，航化作业一直由政府主导，这一做法是吉林省"首例"，在媒体报道上也是全国"首例"，记者第一时间做了独家新闻，报道在农村引起强烈反响。三等奖作品《河北日报》报道的《邯郸在全国首创"闭合清欠"》关注社会热点，聚焦全国首创①。建筑行业是拖欠农民工工资的主要领域，也是社会难题，邯郸市在全国首创"闭合清欠"，治标治本，解决了欠薪这一顽疾，社会效果显著。

---

① 郭东，赵晓清．邯郸在全国首创"闭合清欠"［EB/OL］．中国记协网，2016－08－30．

4. 舆论监督类新闻报道

这类报道在西方国家新闻媒体被称为第四权力中心，监督类报道是新闻选题不可避免的章节。它是媒体利用自身向大众传播的优势对社会公共事务所进行的监督报道。

三等奖作品《污水处理站建成三年未见一滴水》是北京日报社记者针对怀柔区污水处理站建成三年但未正常使用，导致国家资源浪费和地下水污染所进行的监督报道。它揭示了当前农村基础设施建设过程中普遍存在的问题，是对政府工作的一次有力监督，体现了党报的舆论监督作用。三等奖作品《12 元高温津贴竟被克扣 9 元》揭示了劳动者高温津贴难落实，劳动者维权难的现实。作品涉及维护劳动者权益保护的重大主题，作品发表后引起了社会广泛关注，相关部门进行了专项整治。

（二）从新闻采访来看

新闻采访是新闻作品产生的依据，是新闻作品得以面世的通行证。综观这 21 篇新闻精品在新闻采访方面有两大特色：

1. 蹲点采访

蹲点采访是记者经常使用的一种采访方式，它需要记者扎根采访基地，对某一问题进行时间较长的调查研究。

二等奖作品《我国首批自主培养舰载战斗机飞行员拿到"海天通行证"》是记者在海上航母训练现场蹲点采写的报道。首批航母战斗机飞行员的成功着舰，是航母事业发展中具有里程碑意义的事件，为做好这次报道，人民海军报社专门派出记者随航母全程跟训，进行较长时间的蹲点采访，从而掌握了大量的一手资料，为我国航母事业的发展做出了贡献。二等奖作品《中国新发射卫星有望揭开暗物质之谜》是中国首颗暗物质粒子探测卫星成功升空的重大科学新闻，新华社派去的记者在酒泉卫星发射中心进行了为期半个月的蹲点采访，记者采访到暗物质粒子探测卫星首席科学家及卫星的总设计师等权威人士，生动地记录了这一历史性时刻。

2. 深入细致地观察

新闻访问与现场观察是新闻采访经常用的两种基本方法，新闻观察就是用眼睛去采访。通过观察，记者可以获得第一手的资料，捕捉到典型细节，加深对新闻事件和人物的理解。

二等奖作品海口日报社创作的《600家店铺为拾荒阿婆攒纸箱》里面有这样的观察："在26日的下午4点钟，海口的一所商场，有一位驼背的婆婆，头上戴着草帽，左手拎着一只大塑料袋。她到哪家门店，店员都会将折叠好的纸箱给她，一会塑料袋就满了"。[1] 通过记者的观察我们眼前浮现的形象：阿婆是戴草帽、驼背、拿着和自己身材不成比例的大塑料袋，商铺人员细心、热情地把折叠好的纸箱给阿婆。三等奖作品《污水处理站建成三年未见一滴水》里记者也用了大量的现场观察："后安领村是一个新的村庄，村里都是二层小楼，非常整齐，村子背靠山水，风景秀美。村里的污水处理站建在村委会的门口的坡下，在现场能看到的是井盖，井盖锈迹斑斑"。[2] 通过作者的观察可以看到锈迹斑斑的污水处理井盖和风景秀美的村庄形成了鲜明的对比，通过对比反映出污水处理厂的建设只是流于形式，没有正常使用。

---

① 宋亮亮. 600家店铺为拾荒阿婆攒纸箱［EB/OL］. 中国记协网，2016–08–30.
② 于丽爽. 汗水处理站建成三年未见一滴水［EB/OL］. 中国记协网，2016–08–30.

（三）从新闻写作看

新闻选题、采访是一篇新闻稿形成的前期阶段，最终文字类新闻作品要通过新闻写作来呈现，综观这 21 篇新闻作品的写作，主要有以下几方面比较出彩：

1. 新闻标题醒目吸引人

新媒体时代新闻标题意味着点击率，类似"吃盒饭"原理，如果是五元盒饭，那标题便是盒饭上面的几块"炸豆腐"；如果是十元的盒饭，那标题便是盒饭最上面的"鸡腿"。标题写得好，写得透彻，不仅可以知道作品的内容，还可以吸引读者的继续阅读。

三等奖的几个标题：《12 元的高温津贴竟被克扣 9 元》标题用了一个"竟"字说明了本已不多的津贴又遭缩水，直抒胸臆；《政府买保险为甬城装上"安全阀"》标题生动，把保险比喻成"安全阀"，体现了政府将保险引入社会管理体系的积极意义，通俗易懂；《把七千多人信息装在脑子里》标题醒目新颖有吸引力，抓住了人物最突出的特征"把七千多人的信息装在脑子里"；《国际黄金定价发出"中国声音"》标题有特色，吸引力强，点出了中国黄金市场国际化进程中的标志性意义。

2. 橱窗式导语引人入胜

橱窗式导语就像窗口展示样品一样，导语段先讲一个故事，通过讲故事吸引读者注意。这种导语往往展现很高的新闻价值。

三等奖作品《浙江提前高标准消除绝对贫困》的导语段讲了一个残疾人家庭在政府的帮助下增加收入走出贫困的故事，"岁末到来之际，残疾人家庭龙泉市胜岱叶小军一家算起全家年收入，倍感欣慰。去年家里在政府的协助下搬迁到安仁镇，他在镇上的残疾人工作中心检验玩具，父亲也在镇上打零工，全家全年共收入3.5万多元，平均每个家庭成员比去年多赚了8200元"。这篇报道关注浙江省消除绝对贫困的问题，导语段通过讲述故事，使读者对贫困有了感性认识，进而由感性认识转为理性思考。导语段见人、见故事，有现场感的内容，为大题材增添了小细节，增加了消息的可读性。

3. 用直接引语进行"说话"

直接引语是指记者在新闻创作过程中直接引用采访对象的原话。使用直接引语不仅可以增强新闻的真实性，给新闻报道润色，使新闻报道更加有现场画面感，而且可以增强报道的客观性。三等奖作品《把七千多人信息装在脑子里》正文不到一千字，却通过活泼生动的话语表现出人物性格。如有人提醒关松发："你是副局长，得注意搞好关系！"他反驳："我得先注意原则！"再如关松发说："我出生在农民家庭，考上师范学校后，国家什么都管，工作后提醒自己要回报社会。"这些直接引语感染力极强，既可以反映人物朴实的性格，又交代了先进模范人物"权为民所用"的思想根源。

4. 短段落，多分段

一位俄罗斯文学家曾说过："分段是个好东西。"段落是区分内容和层次的手法。在新媒体时代，人们更加倾向于观看视频、图片，而不是阅读文字。传统文字类作品要吸引读者，有一个写作方法就是多分段、短段落与短句子。二等奖作品《700吨氯化钠已找到，尚未发生大范围泄露》全文共673字，分为9个自然段，平均每段74个字；三等奖作品《污水处理站建成三年未见一滴水》全文共959字，分为14个自然段，每段平均68个字，有的段落只有一句话。通过多分段，断裂行文，打"碎"了新闻，既增强了文章的可读性，方便读者接受、消化，又满足了读者快速阅读的需求。

（四）结语

从以上分析可以看出，一篇新闻稿件要想成为新闻精品，首先，得从选题上下功夫，重大类新闻报道、典型类新闻报道、首发类新闻报道与舆论监督类新闻报道是新闻选题青睐的对象；其次，在采访时要"沉下去"，采访的过程中做到访问与观察相结合，必要时要进行蹲点采访；最后，在写作过程中也要"精心琢磨"，新闻标题尽量做到醒目凝练，导语可以采用橱窗式导语，新闻主体在写作过程中要学会用直接引语、背景材料与典型事实等进行"说话"。总之，只有在选题、采访和写作各个环节都做扎实，才能出新闻精品。

三、运城《黄河晨报》讲好河东文化故事的案例分析

《黄河晨报》是运城日报社创办的都市类报纸，是承载河东文化的主要平台；《黄河晨报》副刊版是刊登河东文化的主要版面，对传播河东文化具有重大意义。本文将运用传播学者拉斯韦尔的"5W"模式对《黄河晨报》河东文化的传播进行研究，探讨其在河东文化传承中的重大作用，以期促进河东文化的进一步传播发展。《黄河晨报》是由运城日报社主办的一份地级都市类报纸，面向运城市民发行，是山西省一级报纸。自 2006 年创刊以来坚持"三贴近"原则，以"传承黄河文明，引领社会时尚"为办报宗旨，在传承河东文化方面发挥了积极的作用。

河东地区代指运城。因黄河流经山西省的西南境，运城在黄河以东，故古称河东。"河东文化"是指运城地区文化的整体形象特征，它是一系列文化的综合体，既包括河东盐文化、民俗文化与戏剧文化，也包含历史名人文化、建筑文化等。本文采用抽样调查的方式，以《黄

河晨报》2016 年 1 月 1 日至 2016 年 5 月 1 日为期 4 个月的作品为研究对象，用拉斯韦尔的"5W"模式，即传播者、传播内容、传播方式、受众和传播效果，分析其在河东文化传播方面的影响。

（一）强大的传播者

现阶段河东文化研究传承阵地主要有两个：一是运城学院河东文化研究中心，另一个是《黄河晨报》。

1.《黄河晨报》以传承河东文化作为自己的办报宗旨

运城被称为"华夏之根"，是中华民族的重要发祥地，从上世纪 90 年代开始便设立了河东文化研究的专业机构。坚持办报本土化原则，可以增强报刊的吸引力。《黄河晨报》是运城发行量最大的报纸，在成立之初就肩负起传承河东文化的重任。其内容与地方文化相结合，大量报道有关运城地区的文化，在满足大众精神文化需求的同时，容易激发运城地区人们的归属感与认同感。《黄河晨报》现共有 16 个版面，大致分为三大部分：第一部分是运城当地的新闻，第二部分是河东文化相关的新闻、作品，第三部分是转载的其他类作品。从它的分类可以看出《黄河晨报》重视河东文化的传播。

2.《黄河晨报》副刊版有优秀的传播者

记者张建群，耕耘在《黄河晨报》副刊版多年，笔耕不辍，是位高产的记者，也是出色的编辑，曾出版书籍《面孔》，于 2011 年获得"运城市十大编辑"，在《黄河晨报》上发表多篇有关河东文化的文章。

（二）优质的传播内容

《黄河晨报》现共有 16 个版面，有 3 个版面涉及河东文化的传播，其中涉及的版面有古中国版，讲述古运城的遗址；文史版，讲述河东的历史；河东映像版，展示河东的各种文化，如盐文化。从 2016 年 1 月 1

日至 2016 年 5 月 1 日共出版 96 期的报纸，其中河东文化的文章共 52 篇，平均每两期就有一篇河东文化的作品。就 2016 年《黄河晨报》副刊版的作品看，对河东文化的传播主要表现在以下几个方面。

1. 盐文化

运城，中国唯一因盐池而设立的盐运专城；盐池，运城最为古老而独具的标志。盐文化是运城文化中不可或缺的一部分，运城非盐不立，盐池非运城莫统。由于河东文化以运城为核心，因此对盐文化的研究是河东文化研究中必不可少的一部分。2016 年 3 月 1 日文史版刊登的《河东盐商成功之道》讲述了明清时期的河东成为商人争趋之地；2016 年 3 月 22 日河东映像版刊登了《蔡伦：利用运城盐池资源成造纸第一人》这一段历史佳话①。

2. 建筑文化

建筑作为文化的物质表现，是河东文化在物质层面的集中体现，也是河东文化的重要组成部分，因此建筑文化也是河东文化报道的重点。现在河东印象版已报道的建筑有：解州关帝庙、芮城永乐宫、五龙庙、稷王庙、泛舟禅师、芮城城隍庙、芮城五龙庙和万荣东岳庙等。如 2016 年 4 月 22 日文史版刊登的《万荣后土祠"品"字形戏剧舞台历史沿革考》，从历史、外形两方面来介绍万荣后土祠；2016 年 2 月 15 日文化版的《鼓楼传城史，文化壮楼威》，从历史变迁、文化名人等方面来介绍运城市文化地标鼓楼。

3. 历代文化名人

《河东文化》副刊版对历代文化名人的报道，既有古代的历史文化

---

① 钟锦．蔡伦：利用运城盐池资源成造纸第一人［N］．黄河晨报，2016－03－22.

名人，又有现当代的文化名人，这些报道主要从人物历史故事及人物思想角度入手。2016 年 1 月 23 日文化版刊登的《解读关公爵名"义勇武王"》，是从人物志角度对关公文化进行报道；2016 年 4 月 26 日《山村母亲：古老蒲剧艺术的华丽》讲述了当代著名蒲剧表演艺术家景雪变凭借《山村母亲》获得第十三届世界民族电影节"最佳女演员"的殊荣。

4. 历史拾遗

历史拾遗主要指的是在历史发展过程中的历史事件、人物传说与民俗民谚等。《黄河晨报》副刊版对历史拾遗方面的报道篇幅大多数很短，不占据版面主体，主要从河东地区民俗民谚、河东地区的历史事件与河东人物三方面进行报道。2016 年 2 月 3 日文史版刊登的《稷山仁义村村名考证》，从碑刻上对村名进行考证；2016 年 3 月 1 日河东映像版刊登的《三十年前的河东年景》，通过运城市画家李汝珍民俗画《闹新春》再现 30 年前河东年景①。

（三）多渠道的传播方式

1. 报网互动，共建传播平台

2006 年《黄河晨报》创刊，2007 年《黄河晨报》电子版开始上线，2009 年实现报网互动。运城新闻网是《黄河晨报》的电子版，2013 年运城新闻网官方微信平台也正式开通。现在有很多受众已经不读报刊，转而上网或用手机看新闻，因此《黄河晨报》通过传统纸质媒体和新媒体的结合为其争取了更多的受众。运城新闻网上的新闻不是

---

① 李汝珍. 闹新春［N］. 黄河晨报，2016－03－01.

《黄河晨报》上新闻的简单叠加，它通过专题的形式让人们更方便阅读信息。在河东文化传播方面有专题：我们的盐池、河东映像与河东文化。每个专题里面都有报纸上所有的相关的内容，如我们的盐池里面有自《黄河晨报》创刊以来所有的盐池的作品共90篇。

2. 多个版面相互支撑，形成强大传播阵容

对河东文化的传承除了有专门的副刊版河东映像外，还有其他几个版面。在《黄河晨报》的副刊版，传承河东文化的主要有3个版面，分别是河东映像、古中国与文史版。其中河东映像一周一期，涉及的内容既有河东名人的故事，又有河东历史建筑，等等，如5月10日《夏县柳村流传的宗元故事》和4月26日刊登的《曾经蒲州去又来》；文史栏目多为历史考察类的内容，如3月3日《黄河文化孕育"河东流派"》从黄河文化的民族特质探索河东楹联的发展，3月17日《河东路氏家族探源》从古文字出发探索河东路氏家族的发展繁荣；古中国版面主要考察河东古代遗址，如3月29日刊登的《绛县周家庄遗址：我国新石器时期最大的统辖中心》，证明了河东地区在中华文明起源中所发挥的重要作用，为河东地区就是古中国提供了又一有力的佐证。

（四）广泛的受众对象

就受众来讲，其接受信息能力会受到性别、年龄、受教育程度以及收入水平等方面的影响，《黄河晨报》是一份大众化的报纸，在传播河东文化时存在受众不易理解等方面的问题，以下是从受众角度出发提出的一些建议：

1. 文化的传承，首先要做到通俗易懂，通俗是用老百姓的语言去说，易懂是不能有太多的专业术语

由于河东文化的传播经常会涉及许多古文字，而且纸质媒体往往一整版都是文字，所以难免晦涩。为了更好地传播河东文化，在涉及古文古字、历史典故时，不能简单地搬过来，要运用新闻传播的手法描述、讲解与注释，最好配插图还原历史，以保证传播的效果。同时，在电子版运城新闻网上，可以通过采访一些传统文化的负责人，让他们口述历史以便受众更好地解读传统文化，利用多媒体传播优势，视频、音频、文字与插图等多种方式相结合，使晨报在河东文化传播方面得到更好的传播效果。

2.《黄河晨报》可以通过搞系列活动，增强民众对河东文化的理解和热爱

以受众为导向，将传播传统文化与满足受众需求结合起来，调动受众的兴趣和积极性。河东文化传承的目的是为了记住历史，承载文化，同时更好地继承发展河东文化。但是传统文化通过文字讲述的方式，往往难以使人接受。河东文化版要以群众喜闻乐见的形式去报道，激发受众的积极性，如运城蒲剧发展好，报社可以与蒲剧团联合搞活动，通过听戏、答题等方式，既提高报社的威望，又很好地传播了蒲剧文化。可以组织读者探访古文化遗迹并鼓励写作品、作诗等，如李家大院、秋风楼与鹳雀楼，都可以作为写作的素材，或组织读者通过投票选出本地最有代表性的历史文化名人、最有代表性的历史遗迹等相关活动，这样可以充分调动受众积极性。

（五）显著的传播效果

《黄河晨报》对河东文化传承的效果表现在以下几个方面：

1. 通过对河东文化的传承与推广，可以促进运城旅游业的发展

运城是河东文化的集中地，有许多历史建筑物，但由于地理位置原因及文化推广力度不够，使运城的旅游业一直滞后。如河东映像版对关帝庙、后土祠、李家大院与鹳雀楼等的报道，可以提高运城旅游景点的知名度，从而进一步开发旅游价值，以期推动运城旅游业的大力发展。

2.《黄河晨报》副刊版对河东文化的传承，可以推动对河东文化的研究

目前研究河东文化主要有两大机构：一是运城学院河东文化研究中心，于1988年成立的研究河东文化的学术机构；二是《黄河晨报》副刊部对河东文化的传承推广。作为大众传媒，《黄河晨报》在传承河东文化方面更具有优势。因为受众面广，所以在做河东文化传播作品时，要尽量做到通俗易懂大众化。

3.通过对河东文化的传播，可以提高河东地区民众的自豪感，增强凝聚力

人民作为实践的主体，是历史的创造者，也是历史的传承者。《黄河晨报》副刊版通过对河东文化的传播，可以提高河东地区人民对家乡的自豪感，增强民众的凝聚力，一方面可以使广大河东人民万众一心，共同推动运城经济的发展；另一方面可以凭借文化软实力，吸引外部人才和资金，促进河东经济的快速发展。

4.通过对河东文化的传播，可以提高运城的知名度，推动运城企业品牌的树立，增强运城地区企业的竞争力

文化是竞争的软实力，企业要获得长足的发展必须借助文化这种软实力，河东文化是河东企业的名片，河东文化的知名度的增强可以提升企业的价值含量，从而促进企业的发展。如关帝表正是借助关公的影响

力才推向市场。

5. 通过对河东文化的传播，可以规范民众的行为，提高民众的文化素养，构建和谐新运城

《黄河晨报》通过报道新闻，宣传河东文化，可以让受众在阅读中感受到被遗失的河东文化的珍贵。

第二章

广播媒体讲好故事的实践研究

第一节　广播媒体发展概论

广义的广播包括声音广播和电视广播，狭义的广播专指声音广播，本章节将探讨狭义的广播，即声音广播。近年来，传统媒体呈衰落状态，报纸、电视广告相继下滑，2017年传统的《京华时报》《东方早报》等纸质媒体正式停刊，而广播的形式却恰好相反。广播自上世纪诞生以来，已经有一百多年的历史，在经历了电视媒体和新媒体的冲击后，依然顽强地生存着，且广播广告呈平稳发展态势。在媒介融合的大背景下，广播媒体依然承担着一定的社会责任，未来只要勇于改革，直面困境，依然会有所作为。

一、广播媒体发展历程

从1906年广播诞生开始到2018年，人类广播已经有112年的历史。虽然我国广播事业的发展相比之下落后于西方，但发展起步不算晚，1905 年袁世凯在天津举办了无线电培训班，迄今为止我国广播事业的发展已经有上百年的历史。但是我们这里所探讨的广播事业重点放在中国共产党领导下的广播事业。

我国人民的广播事业大致可以分为五个阶段。

第一个阶段是起步时期（1949 年之前）。早在北洋军阀时期，我国便有了广播事业；中国共产党的广播事业则开始于 20 世纪 40 年代，距今已有近 80 年的历史。1940 年 12 月 30 日，在延安的王皮湾村，中国共产党创建了第一座广播电台——延安新华广播电台，后来这一天被确定为中国人民广播创建纪念日，它标志着中国人民广播事业的诞生。自 1947 年至 1949 年，延安新华广播电台经过多次改名，1949 年 12 月正式确定为中央人民广播电台①。这一时期在边区、解放区发展起来的人民广播事业，实现了从无到有的突破，积累了宝贵的经验。

第二个阶段是初创时期（1949—1965 年）。中华人民共和国成立初期，中央对人民广播事业进行了一系列的恢复和改造，初步实现广播系统的规划与建立。

第三个阶段是挫折、停滞时期（1966—1976 年）。1966—1976 年是十年"文革"时期，整个社会秩序都遭到了巨大的破坏，广播事业基本上处于停滞阶段。

第四个阶段是复苏、振兴时期（1977—1980 年）。十一届三中全会后，广播事业再度振兴。从中央电台到地方电台，广播重新获得发展机遇，出现了新气象、新成就，各种体裁、形式的优秀节目异彩纷呈。随着改革开放的深入，广播事业得到空前发展，开始过渡到全面繁荣的发

---

① 陆晔．当代广播电视概论［M］．上海：复旦大学出版社，2002：80—82.

展阶段。

第五个阶段是发展、繁荣时期（1980 年至今）。1980 年以后广播进入了全面繁荣时期，这一时期广播事业取得了比以往任何时候都显著的成就；1992 年邓小平南方谈话以后，广播节目在形式、制作手法上都有了较大的发展，广播节目也空前增加，广播听众的参与互动成为常态，广播电台的技术也得到提高。

其中较为突出的是 1986 年珠江经济广播电台成立，它以"大中型、信息型、服务型、娱乐型"为办台方针，在继承广播优良传统的基础上，借鉴海外广播的优势，以珠江三角洲听众为本，掀起了我国广播改革的第一次浪潮。同时，这一时期的广播电台从一家综合台发展到多个频率。广播频率专业化改革与国际接轨，遍及全国。1980 年以来，音乐台、交通台迅速发展起来，一个区域内往往有十几个频率的电波，广播界内竞争开始激烈。2002 年中央人民广播电台频率开始专业化，推出中国之声、音乐之声等多个专业频率。

这一时期广播传播手段也开始从单一到多元，广播节目形态也趋向类型化、专业化。频率专业化的实质是追求节目布局的合理和定位的精准，顺应的是广播窄播化的大势。现场直播、录音新闻、记者口头播报和连线直播等多种节目形态开始出现，最具广播特色的音响在节目中充分运用。多种声音元素充盈广播、邀请大量专家以及主持人专业水准的提高等使广播专业化程度大大提高。

总之，自改革开放后，广播开始重视自身规律，广播电台的技术、制作水平不断提高，实现了从量变到质变的发展。

二、广播媒体的优势和劣势分析

（一）广播的优势

广播媒体自诞生以来，遭受了纸质媒体、有声电影、彩色电视以及网络媒体的冲击，在面临挤压的危机时，有预言家预测广播媒体有可能承受不住来自其他媒介的竞争而消亡。然而，在一次又一次的挤压中，广播媒体却逐渐开发出其优势，在一百多年的历史长河中展示了强大的功能，发挥了重要的作用。具体而言，广播的传播优势有以下几点。

1. 传播的迅捷性

迅捷性是指广播传播的速度快。广播是在 20 世纪 30 年代展现出强大生命力的，二战期间各个国家领导人利用广播进行政治宣传、对外传播，因广播而形成了一个全人类地球村。广播既具有全球性、全国性，又具有地方性，这与广播的即时性特点分不开。广播可以在内容讯息所及的范围内，将信息在发生的第一时间传播出去。人们不论身在何地，只要打开收音机，就可以立即收听到广播。相对于其他媒介，广播传播信息快捷性的特征尤为突出，广播利用电波传递信息，电波的传播速度每秒高达 30 万公里，因此广播听众听到的节目是同步的。相对于纸质媒体和电视媒体，广播传播不需要技术设备和后期制作，不需要经过文字录入、排版、印刷与发行等环节；广播不仅可以随时进行播报，还可以利用现场直播的方式，使新闻传播无时空的距离，完全体现现场事件发生发展、节目播出和受众收听三个环节一体化的特点；广播遵循严格的节目时间表，传播的内容源源不断，有规律性地向听众进行节目传播。

2. 传播对象的广泛性

广播的传播不像纸质媒体那样受受众文化程度的限制，同时也不像报刊那样受发行渠道和其他自然社会条件的限制。也就是说，只要能进行基本的人际沟通，就可以收听广播，广播可以使文化程度低甚至不识字的人也能听懂它传递的内容，所以广播媒体的受众层次显示出多样性。尤其是在我国教育不发达的地区，可以充分利用广播媒体提高人们的文化水平。因为无线电波渗透性强，不受地域疆界限制，其中卫星传播技术的发展实现了广播电视对象的全球化，只要信号能覆盖的范围，就可以收听广播。所以说，广播媒体受众层次具有多样性。

3. 较强的感染力和穿透力

声音语言是广播最主要表情达意的手段，广播是利用声音符号来传递信息，受众通过听觉渠道接收信息，这是广播媒体区别于电视媒体、纸质媒体的重要特征。广播的特征是声情并茂、感染性强；广播节目能传达出不同的现场感受，使听众从播音员，主持人的语音、语调中感知文字无法表达的内涵；一个富有个性的、特色的声音能激起听众的共鸣，激发起听众收听的欲望，促使他们记住收听的内容。正如著名的播音家齐越老师所说："我是中国人民的播音员、中国共产党的播音员，我传达的是中国人民战胜艰难险阻走向胜利的声音，我传达的是中国共产党堂堂正正的真理之声，我以此引以为豪。"①

广播以其较强的感染力和穿透力，在中外广播史上谱写了精彩的篇章。1943 年宋美龄在美国参议院、众议院发表的广播演讲，令美国整个国家为之倾倒，有八千万美国人收听，现场的喝彩声不断，这是广播国际传播的里程碑事件，宋美龄也因此被称为"广播夫人"。美国罗斯福总统推行新政的成效更是益于广播媒体巨大的感染力，著名学者沃尔

① 宋彦丽. 永不消逝的声音：齐越精神的现实意义初探［J］. 电视指南，2008（1）.

特·李普曼提到，我们全国人民对任何人、任何事都不相信了，可不到一周时间，我们现在对国家、对政府又恢复了信心。此前的分崩离析，变成了现在的众志成城。于是，在新政推出不久，美国摆脱了大萧条。"炉边谈话"获得了巨大反响，这是广播史上的传奇。此外，广播提供给读者一个演讲者和听众不通过语言交流的世界，这是一种个人的体验，广播有力地将个人和社会合二为一。名噪一时的火星人入侵地球的广播剧，将广播听觉形象刻画得淋漓尽致；而希特勒将广播变成了实实在在的东西，他之所以能在历史的舞台上留下"印记"，与他利用广播进行公众讲话有直接关系①。

所有案例的侧重点并不是说明这些传播者在利用广播讲话时，将他们的思想有效地传达给民众，恰恰相反，在这里他们的思想并不重要，重要的是传媒工具广播的使用。广播强烈的感染力和语言的煽情性，使其在不同时期发挥了强大的号召力和凝聚力。

4. 收听方式具有随意性和伴随性

广播是通过声音传递信息，受众是通过耳朵接收信息，这一特殊的传播方式和接收方式，使广播比其他任何媒体都要简单、自由和随意。人们可以不受时间、地点的限制，随时随地接收广播的内容。而且，科技的进步，使收音机走向轻便化、小型化，受众可以随身携带，它不像电视、报纸与网络那样需要专门花费时间，在一个固定的地方接收信息。在公园散步时、休闲娱乐时，只要想听广播就可以随时打开收音机收听。而且纸质媒体、电视媒体和网络媒体都需要眼睛来观看，广播则可以使眼球得到放松。现在社会，人们接收的信息越来越多，但由于用

---

① 覃信刚. 永不掉队：广播的昨天、今年和明天［J］. 中国广播，2018（6）.

眼过度，人们的视力普遍下降，形成接收信息和视力下降的矛盾，而广播媒体只用听觉，便可以有效解决这个矛盾。事实上，通过声音来传播信息，通过听觉来接收信息，是人类最基本的传播方式之一。广播比人自身发出的声音传播范围更广、距离更远。迄今为止，在声音传递方面没有任何一种媒介比广播更专业，这也是广播不可被替代的原因之一。

阅读需要比较集中的注意力，而广播作为伴随性媒介，决定了其接收行为可以一心多用，可随时接受各种家庭事务的打扰。在广播发明之初，一家人经常围坐在客厅里，专注地收听收音机播出的广播节目，这在当时也是一种社交的方式；随着收音机的普及，个体化的广播收听更容易成为伴随式的"有声背景"，有了更多节目选择的听众，反而不像最初亲朋好友聚在一起收听一个节目那样专心致志了。同时，听众可以在任何一个节目的中途进入或离开，随时开关，从而导致接收内容呈现碎片化的特点。

5. 制作成本低廉，普及率高

广播媒体相对于纸质媒体、电视媒体和网络媒体，成本要低得多。以广播和电视媒体制作节目为例，广播节目的制作需要的人力资源、设备及工作时间相对电视要少很多；对于受众来讲，广播接收机的费用比电视、电脑和订报纸的费用也要低很多，这也是广播在中老年朋友中比较受欢迎的原因之一。成本低廉，只需一个收音机就可以与世界进行交流，这种低成本的传播手段，使广播在众多媒体中，具有较强的竞争力，这是广播媒体在受众市场占有一席之地的重要因素。

6. 线性传播，具有即时性

广播媒体一个重要的特点就是它的即时性，广播能让听众产生面对面交流的感觉。在广播中，主持人往往采用对听众说话的直接交谈式，甚至广播广告也直接向听众提问和进行规劝。同时，广播的线性编排方式也使受众无法像阅读纸媒那样任意选择版面，听众想要收听自己感兴趣的节目，必须遵守线性节目编排的时间安排，从而增强了广播现在进行时的感受。

除了上述的优点外，广播还具有其他方面的传播优势。如广播还不受天气、交通的限制，适合于自然条件比较复杂的地区，所以，它还具有抗灾害能力强的特点，2008 年汶川地震时，广播就发挥了独特的优势。

虽然随着网络媒体的高速发展，广播媒体面临巨大挑战，但综上分析，广播媒体也具有自身发展的优越性，只要充分发挥广播媒体的这些优势，扬长避短，广播媒体就能得到长足的发展。

（二）广播的劣势

任何事物都有两面性，广播传播存在优势的同时也存在一定的劣势，转瞬即逝是广播媒介本身存在的一个最主要的问题。纸质媒体在阅读之后可以进行保存，可以反复阅读，适合进行深度报道，这也是文字传播符号的一大优势。但广播媒体转瞬即逝，难以保存，一般情况下，广播过耳就留不下痕迹，除非使用专门录音。因此，广播不适合做深度报道，它传播的内容无法像纸质媒体那样让读者反复琢磨。通常情况下，广播的内容都是浅显易懂的，听众仅用听觉系统就可以达到明白畅晓。

三、中国广播事业发展现状及存在问题

21 世纪以来，我国广播的发展迈入了新时代。在中国特色社会主义理论体系的带领下，我国广播事业发展逐步强大起来，但也存在着诸

多问题，因此要建成世界一流的广播媒体，就必须加快体制改革的步伐，打造新型广播媒体。

（一）我国广播事业的现状

2014 年 8 月，中央全面深化改革领导小组通过《关于推动传统媒体和新兴媒体融合发展的指导意见》，习近平总书记强调要着力打造一批形态多样、手段先进和具有竞争力的新型主流媒体，建立几家拥有强大实力和传播力、公信力、影响力的新型传媒集团，形成立体多样、融合发展的现代传播体系。中国特色大国广播进入新时代就要有新思想、新观念、新格局与新形态。目前，我国广播事业虽然没有进入世界一流广播媒体行列，但发展也卓有成效。

1. 从性质上说，"党管媒体"，即中国共产党领导我国广播事业发展

2016 年 2 月 19 日，习近平总书记在党的新闻舆论工作座谈会上提出，党和政府主办的媒体是党和政府的宣传阵地，必须姓"党"。我国的广播事业是我国新闻事业的一个有机构成部分，是党和政府主办下的中国特色的广播事业。党性原则是马克思主义新闻理论的根本原则，党性是我国新闻事业发展的灵魂，任何时候都是我国广播事业发展的理论基础。我国广播事业是由我党主办的，是我国社会主义事业发展中的一环，是在党的领导下体现党的主张、思想和意志。因此，我国的新闻媒体虽然实行"事业性质，企业管理"，但广播媒体要坚持正确的舆论导向，坚持社会效益第一位的原则是任何时候都不能改变的。

2. 我国现阶段广播听众数量在全世界范围处于第一，是广播大国

自 1978 年改革开放以来，我国广播发展实力不断增强。目前，从硬件设施看，我国广播从中央到省市，已经基本实现网络数字化，广播

大楼、广播电视塔的建设及传输设备，在世界处于一流水平。广播事业作为我国公共文化服务体系的战略目标，先后实施的村村通工程、无限覆盖工程提高了广播的公益性性质。据相关数据统计，2016 年我国广播的听众接近 7 亿，广播节目综合人口覆盖率 98.37%；2016 年我国车载收音系统的使用率达 47.3%，移动收听进入世界前列。总之，中国广播已经进入多终端、多场景收听时代，收听率在全世界处于第一位，中国特色广播事业建设卓有成效①。

3. 广播类型多样化，节目制作处于世界先进水平

自 1986 年珠江模式创办以来，我国的广播媒体经历了专业化、类型化的改革，各种谈话类节目、音乐、交通和老年电台等不断发展，节目内容日益丰富。其中交通广播和音乐广播不断细化，交通广播下又有私家车广播、汽车音乐广播与汽车生活广播；音乐广播下有经典音乐广播、流行音乐广播等，且节目模式超过 30 种，节目制作能力也在不断提高。据国家新闻出版广电总局统计，截至 2016 年年底，我国开办广播节目3000 套，广播制作节目超过 750 万小时，节目制作大国地位稳固。

4. 广播多渠道传播体系日益形成

网络发展后，中国特色的广播形态也随之开始多渠道进行传播。全媒体、多平台与多终端开始传播，网络广播、人工智能和无人机等形成了多形态并存共同发展的局面。

5. 我国广播建设列入国家规划

广播受自然条件限制小，在发生自然灾害时，广播能在传统媒体中

---

① 覃信刚. 新时代中国特色广播强起来若干重要问题研究［J］. 中国广播电视学刊，2017（10）．

脱颖而出，因此我国应急广播覆盖面高。现阶段我国应急广播已经形成了顶层设计"四位一体"建设，即建立农村有线数字电视、调频广播（应急广播）、直播卫星和工艺电影放映的"四位一体"覆盖与服务的长效机制，已经取得重大进展。中央、省、市、县四级联动，快速反应的机制形成，广播的应急机制走在传统媒体前列。

除上述广播取得的成就外，我国广播广告收入在传统媒体中处于前列，中国交通广播更是成为世界广播参考学习的对象，目前全国共有125 家交通广播，有 22 家交通广播台广告收入过亿，在全球都属于领头者。广播国际传播布局也在不断完善，至 2016 年年底，中国国际广播用 65 种语言对外传播，在世界开办了一百多家电台，覆盖 50 多个国家的首都和城市，国际传播能力不断发展提高。中国是一个广播大国，历史上留下了很多广播遗产，其中云南广播博物馆较为著名。目前，我国广播文化博物馆、陈列室位居世界第一①。

（二）我国广播事业发展存在的问题

我国广播事业在取得成绩的同时，发展过程中也存在着诸多问题，在新时期要提高广播的传播力、影响力、公信力还有许多亟待解决的问题。

1. 广播的法律法规不完善

由于广播具有一定的公益性，广播在一定程度上受政府的管控较为严格。发达国家虽然没有新闻法，但都有完整的广播电视法，并随着媒体的发展不断完善；我国的《广播电视管理条例》于 1977 年颁布，是

① 覃信刚. 新时代中国特色广播强起来若干重要问题研究［J］. 中国广播电视学刊，2017（10）.

目前我国广播业的最高法。现阶段也有一些条例和规章制度，但这些法规效力较低，许多内容陈旧，已经不适应我国快速发展的广播事业。与此同时，随着网络媒体的发展，广播与新媒体融合的步伐不断推进，网络广播等方面的法律还处于空白。移动互联网发展迅猛，广播网站、电台 App 和网络电台等新媒体都可以传播音频。无数听众受益于高效、便捷的音频节目，使原创的广播节目版权无法保护，原创的作者权益无法维护，广播节目的生产也因此受到影响。网络广播音频、重播等问题对广播音频的知识产权提出更高的挑战，法制体系的落后将影响广播事业的发展。

2. 广播体制发展不完善

目前，我国实行广播电台和电视台两台合并的方式，在合并和运行的过程中出现了诸多问题。有许多市级电台虽然名义上进行合并，但还是各自运转，电台机制发展不规范、不健全。同时，我国广播电视的事业性质与企业化管理，使工作人员出现台聘、栏目聘等各种现象，在一定程度上阻碍了人才的发展，制约了广播事业的发展和完善。目前，电视的版权问题都得到解决，基本实现制播分离，如《鲁豫有约》是凤凰卫视的节目，由鲁豫等工作者制作完成，直播权和版权归凤凰卫视，还可以将节目出售给安徽卫视。电视节目在不同频道播出产生了版权问题，广播也面临着这样的问题。因此，虽然在线收听广播和网络电台方便了听众收听往期节目，但如何进行广播维权却任重而道远。

3. 广播的融合发展之路困难重重

网络媒体兴起之后，传统媒体开始向网络媒体靠拢，二者走上了融合之路。但目前我国广播转型发展还存在诸多问题，转型还只限于简单的两大媒体相加，而不是两大媒体相融。同时，由于新媒体在法律、舆论引导等方面的不完善，广播媒体的盈利还是靠传统的手段①。

4. 广播学术之路落后

随着新媒体的兴起和发展，大部分学术研究都转向了新媒体，有研究新媒体技术的，有研究新媒体影响力的，但广播与新媒体的融合却疏于研究；广播方面的专著也较少，大多数院校有关广播的参考书目是陆晔的《当代广播电视概论》，此书的理论研究体系还有待更新，而最新的广播案例如喜马拉雅 FM、蜻蜓 FM 等媒介融合的案例都没有涉及，并且有关广播的国家社科基金及研究项目也较少。总之，广播的学术发展研究在媒介的研究中处于边缘化，学界的研究跟不上业界的发展，更谈不上推动业界的发展，这是当下广播事业发展的一大损失。广播发展的历史较长，既可以追踪最新发生的广播现象，又可以在现象的基础上对理论进一步完善，如果具有一定的前瞻性，对未来广播事业的发展则更是有利。

5. 广播的市场活跃度低

虽然我国是广播大国，但不是广播强国。我国的广播收听率是世界第一，但我国人口基数大，听众多，民族众多，听众对广播的要求差异性也大。这就要求广播节目要多样化，以满足我国人民日益增长的美好生活需求。目前，我国广播节目类型化、分众化不够，老少边区的广播事业发展缓慢；在国际上我国的广播也未形成有影响力的节目品牌，这些不利因素都影响了我国广播事业顺利走向世界舞台。同时，广播走上合并之路后，有的地方只有一家电台，广播的竞争不够激烈，市场发展

---

① 覃信刚. 新时代中国特色广播强起来若干重要问题研究［J］. 中国广播电视学刊，2017（10）.

自然也不够活跃。

除了上述存在的问题外，广播的发展还面临着人才流失的困境。新媒体的发展给媒介市场的发展带来了巨大的活力和潜力，一部分传统媒体人才纷纷流向新媒体。曾在电视媒体兴起时，一部分广播人才就流向了电视媒体，在新媒体发展的今天，同样面临着广播人才的流失。因此传统媒体要想留住人才，就要加快自己的发展之路，通过改革促进发展，提高媒体人的收入，给广播媒体的发展注入活力。同时，广播的受众调查力度不够，广播是为广大听众服务的，服务好听众是广播的关键。在 2016 年的市场调查中，中国的听众有 7 亿，广播还有很多潜在的听众，这些听众的流失是什么原因造成的，数据新闻的发展或许能给广播听众的调查提供一个较为可靠的数据。

第二节　融媒体背景下广播媒体发展的机遇

一、广播媒体发展的大背景

人类信息传播的历史阶段从口头传播到印刷媒介，从广播媒体到电视媒体，再到现在的网络媒体、手机媒体，一种新的媒介形态的出现从来都没有造成前一种传播媒体的消亡。1906 年广播作为一种新的传播形态开始在传媒界占有一席之地，它通过声音这种传播符号极大地开拓了传播的时间和空间，提高了信息传播的效率，随后电视媒体以可视化的优势宣告诞生。20 世纪 80 年代，随着电子计算机的发展，网络媒体异军突起，集各种传统媒体的优势于一体。从电视媒体到网络媒体，整个人类的传媒格局和生活生产方式都发生了巨大的变化。可见，每一次新的媒体的诞生，都使传统媒体面临着巨大挑战，有人甚至预言在网络媒体时代，传统媒体没有任何发展的空间，网络媒体对广播媒体的发展是致命的。

在众多媒介激烈的竞争中，广播媒体的优势并不突出，但作为传统的主流媒体，广播媒体即使身处逆境，也要在摸索中勇敢前行。因为媒介只是手段，麦克卢汉说媒介是人体器官感官的延伸，它使人类获取信息的方式更加多样化，使受众的选择更加多样化，只要广播媒体根据自身的特点，将人类的听觉系统发挥到极致，进行内容创新，坚持内容为王，就会在实践中寻找到答案，求得生存和发展。

在一百多年的历史发展中，广播媒体伴随着其他媒体的出现而犹豫彷徨，但直到今天，广播媒体依然保持着战斗力，2016 年在其他传统媒体广告大幅度下滑的背景下，广告媒体的广播依然保持着增长的态势。究其原因是因为广播媒体坚持走自己的路，并走好自己的路。一方面，充分发挥自身的媒介优势，秉承"广播本位，声音主导"的理念，坚守广播的本质特征；另一方面，坚守并不意味着墨守成规，广播媒体利用其伴随性、互动性等特点与新媒体积极融合，积极进行创新，走出了一条互联网与广播的新型融合发展之路。但是，在网络媒体时代，广播媒体仍应该清楚自己作为公众利益守望者的角色定位，任何时候都要将广播媒体的社会效益放在经济效益前面，在满足人们对美好生活向往的基础上，获得经济效益，力求顺应历史潮流，不断开拓创新。

二、广播媒体与网络媒体融合的契机

广播媒体和网络媒体的融合有先天性的优势，主要是广播和互联网的特征在一些方面具有重合性，有"近亲"关系。

（一）从广播媒体的角度分析，广播的特点决定了它与新媒体有相似的基因

1. 广播的类型化特征

随着电视媒体的诞生以及不同媒介之间的竞争，广播媒体由一开始的综合性节目编排演变为分众化、类型化、社区化展现，与网络媒体强调的社区、社群和朋友圈的概念不谋而合。这既满足了广大听众的需求，又给广播媒体提供了发展的空间，这种相似性为广播媒体搭上网络媒体的快车提供了便利性。

2. 广播媒体具有伴随性的特征

广播媒体的特点是移动，广播媒体诞生后不久，就凭借移动性的特点吸引了众多的移动听众。而网络媒体也具有移动性的特征，特别是现在的手机媒体具有伴随性，这为二者的融合提供了契机，广播媒体将其节目创办为网络广播或根据网络媒体的特征创办新的节目都有很大的优势，听众很容易接受。

（二）从网络媒体的角度分析，网络媒体的特征决定了广播媒体可以借力网络进行发展

1. 网络媒体的智能化

手机、网络与平板等多种终端设备都具有智能化，在这些智能化设备联网后，网络媒体可以进行引擎搜索，为听众随时收听广播提供了便利。

2. 网络媒体具有很强的时效性

特别是手机媒体产生后，即时新闻事件发生时，记者不在现场，公民记者通过拍摄视频等方式也可以使广大受众在第一时间知晓发生的新闻，而广播媒体也具有即时性的特征，这与网络媒体的时效性不谋而合。

3. 网络媒体具有便携性的特征

网络媒体的终端设备以手机为代表，现在的手机都精致小巧，可以随身携带，随时接听收音机传来的信息。

4. 网络媒体具有交互性的特征

网络媒体与以前的传统媒体相比较，最大的优势就是交互性，在网络媒体时代，每个人都可以成为信息的传播者和接收者，每个人都可以对所传播的信息表达自己的观点，这样借力运用到广播上，就可以轻易获得听众的反馈，以便改进节目。

5. 网络媒体具有一定的私密性

在一定程度上手机等通信设备都是根据受众的需求而产生的，因此具有定制的特性。这些网络终端设备一般都随身携带，特别是现在支付宝、微信支付等支付手段的先进性，使这些移动终端具有很强的个人化色彩，手机可以说是个人隐私的一部分，具有一定私密属性。

以上的几个方面是网络媒体的优势，大部分都可以被广播媒体所用。

在分析了广播媒体和网络媒体的特点后，可以得出以下结论。广播媒体与网络媒体在某些方面具有"近亲"关系，很容易与网络媒体实现融合发展。网络媒体大大扩展了广播媒体的传播渠道，弥足了广播媒体某些方面的不足，提升了广播的传播力和影响力。它们之间可以从以下几方面进行融合：第一，网络媒体可以随时进行点击，这样传统的广播媒体搭上互联网的快车后也可以实现随时收听，随时点播，使广播媒体转瞬即逝的劣势得到弥补，使广播的生命得以延续；第二，广播媒体可以借助互联网技术，集文字、图片、音频与视频于一体，实现广播的可视化发展，使信息的传播更加多样化；第三，传统广播媒体可以利用网络媒体交互性的特征，与广大听众进行及时沟通，这样出现收听率低的问题就能及时找到原因，改进节目，有助于延长广播节目的寿命；第四，网络媒体更加适用于年轻人，传统的广播媒体使用群体主要是中老年人，在与网络媒体融合后，广播媒体就可以吸纳年轻的听众，而年轻的受众群体也是广告商追求的对象，这样可以为广播的发展带来新的商机；第五，网络真正实现了世界"地球村"式的格局，而广播具有的地域性特征，在与网络融合后，也可以扩展其传播的空间，传统广播因此也可以实现全球化、国际化；最后，广播媒体还可以与新兴的其他网络媒体终端进行合作，将自己的内容投放到不同的终端上，通过打造优质内容，开发更广阔的市场。

通过上述分析，广播媒体和网络媒体可以进行融合，融合后的广播传播渠道更加多样化，广播可以实现互动性，这些都给广播的发展注入了新的活力。但对于广播媒体而言，还面临着更大的挑战，在搭上互联网的快车后，广播媒体如何扬长避短，进一步将音频的优势发挥到极致，提升它在网络上的影响力，这是传统的广播媒体在融合过程中需要考虑的问题。

三、我国广播媒体的融合之路

1950 年，新中国广播第一次明确提出"广播要学会自己走路"，意思是广播不能按照报纸、通讯社的做法去创办，要从广播媒体自身的属性出发，挖掘自身的特点和优势。从此"走自己的路"便成了广播媒体的既定原则，中国广播也在摸索中找到一条路子①。

---

① 申启武. 新媒体时代的广播发展趋势［J］. 传媒，2016（8）.

　　事实上，广播媒体与纸质媒体、电视媒体以及新媒体都进行过不同程度的融合，只是新媒体是一种最适合融合的媒体。广播媒体自开始发展，就与纸质媒体有过融合。例如，纸质媒体的新闻栏目分得较细，有要闻、一句话新闻与深度报道等形式，广播媒体就进行借鉴，形成了板块式的新闻栏目，丰盈了广播的节目内容；广播最早与书信进行融合产生了新的传受互动，打造了全新的以听众为核心的互动平台；电视媒体诞生后，广播媒体便开始视频化的探索，虽然这实际上是将广播媒体自身的媒介属性消解。当然，其他媒体也借助广播媒体的属性进行过探索，如纸质媒体创办的有声版。最终，广播媒体还是要走自己的路，只有走自己的路才能进一步挖掘广播媒体的媒介特性，才能对广播媒体今后的发展有进一步深刻的认识。

　　20 世纪 80 年代以"珠江模式"为起点，我国广播媒体进入了繁荣发展时期①。到了 20 世纪 90 年代，随着电视媒体的兴起，广播媒体的发展势头受到挤压。在与电视媒体的竞争中，广播媒体处于劣势，但广播媒体坚持摸索创新，走出了一条自己的路子。首先，在摸索中广播媒体寻找新的发展空间，开始了类型化的发展历程，类型化的电台满足了受众不同的需求，同时也给广播带来了发展机遇。如今全世界就有近百余种类型的电台，如怀旧电台、老年人电台和故事电台等，可以说各种类型化的电台遍布全球各地。其次，为了提高广播新闻的时效性，在 20 世纪 80 年代后期，广东电台开始新闻现场直播，即记者在现场进行电话连线将发生的信息同步传播出去。广播媒体先后与电话、手机媒介融合，使其在第一时间将发生的新闻传播给广大听众，如今，伴随着通信技术

---

① 申启武. 新媒体时代的广播发展趋势［J］. 传媒，2016（8）.

的发展，电话连线已被广泛使用，而且最新的重大新闻一般都采用电话连线的形式，广播的时效性也得以彰显，与纸质媒体相比，它的差异性、优势展现出来。此外，广播与电话的融合给广播媒体带来的福利是提升了广播的传播速度，同时广播与电话的融合还制造了一批新的电话连线节目。广东东莞的《阳光热线》、河北的《阳光热线》节目就是广播与电话的融合，北京交通广播栏目《一路畅通》是广播与手机短信的融合，在北京开车的人，可能没有一个不知晓此栏目的。

20 世纪 90 年代网络媒体开始兴起，网络媒体在信息传播的时间和空间上再次创造了奇迹，人类生活在地球村，广播媒体再一次面临挑战，这次它没有束手以待，而是早早开始了融合之路。1997 年起，上海东方广播电台在网络上迈开了第一步，开设了《东广新闻网》；1998 年北京的经济电台也开始了网上直播；随后珠江电台等也开始了网上直播。

21 世纪以来，随着新媒体技术的发展，广播媒体也积极摸索新的发展方向，在与新媒体的融合中探索出"台网一体""台网互动"的新模式。除了推出网络电台外，广播媒体与手机媒体进行融合，建立手机广播，同时以手机为客户端开发喜马拉雅 FM 等新的传播平台 App，收听率得到稳步提高，传播的公信力、影响力增强。中央广播电视总台的《中国之声》借助 QQ、微博及微信等与广大听众进行互动，摸索出了广播与新媒体融合发展的有效路径，为广播开创了更大的互动空间。

第三节　融媒体背景下广播媒体的发展策略研究

习近平总书记曾指出，推动传统媒体和新型媒体融合发展，要推动传统媒体和新兴媒体在内容、渠道、平台、经营与管理等方面的深度融合，打造形态多样、手段先进和具有竞争力的新型主流媒体，建成几家拥有强大实力和传播力、公信力及影响力的新型传媒集团，形成立体多样、融合发展的现代传播体系。中国传统广播作为主流媒体有责任去满足人民日益增长的美好生活的需求，也有责任建立世界一流的新形态广播媒体，走出一条中国特色的媒介融合之路。自 1978 年改革开放以来，广播媒体的改革走过 40 个年头，在这 40 年里，广播一直与时俱进，保持着良好的发展势头，在媒介融合的大背景下，广播如何百尺竿头更进一步，有以下几方面的措施。

一、要解放思想，更新观念

广播要实现与时俱进与开拓创新，首先要在思想上认识到网络媒体的诞生并不是宣告传统媒体的消亡。自从网络媒体诞生后，它几乎拥有传统媒体所有的功能，广播媒体的音频，电视媒体的视频、图片，纸质媒体的文字等，而且它将传统媒体的功能集为一体，不是"1＋1＝2"的模式，而是远远超过所有的传统媒介。在网络媒体诞生之初，传统媒体就受到冲击，事实上，传统媒体并没有退出历史的舞台，而是积极地参与进去，与新媒体融合，并将传统的功能延伸到新媒体上，因此出现了网络电视、数字电视与数字广播。所以，在思想上我们首先要认识到网络媒体不是传统媒体的劲敌，它可以为传统媒体发展提供机遇。随着新媒体技术的不断完善和发展，已经形成的媒介格局被打破，任何一种媒介都不能独自孤立发展，广播媒体也只能紧随时代步伐摸索出一条适合自身发展的道路，使自己在激烈的竞争中立于不败之地。

有了以上的思想建设外，我们就能意识到改革势在必行。网络媒体只是一个发展的平台，一种新的传媒方式，一个更好的载体，广播媒体可以和网络媒体并肩而行，而不是非彼即此。网络媒体可以为广播媒体的发展打开一扇窗口，二者积极进行媒介融合，为广播媒体的发展提供新的机遇。广播媒体最终的发展目的是为了满足听众日益增长的不同需求，并最大化地开创新的发展空间，争取在获取社会效益的同时，实现经济效益的丰收。所以，融合不是媒介发展的最终目的，融合是发展的一种趋势，是媒介发展的一种手段。

在思想上还要有足够的准备，广播与新媒体的融合，不能仅仅停留在口头上，它们之间不是简单的相加，不是广播媒体将自己的产品放到网上就是网络广播。如果二者仅仅是简单的相加，导致互相消耗成本和生产同质化的内容，便没有创新可言。因此，广播媒体必须坚守自身的媒介特性，挖掘自身发展的优势，在融合中通过资源整合、优化产品来实现转型。也只有这样，才能在激烈的竞争中占有一席之地。

二、"内容为王"是立足之本

(一) 广播媒体发展存在的一些误区

网络媒体的迅速发展使传统媒体的发展受到影响，有的人建议用互联网思维去改造传统媒体。在这种思维的影响下，出现了"平台为王""渠道为王""数据为王"等说法，这些说法都重形式、轻内容，笔者认为不可取。网络媒体时代的到来，并不意味着用互联网思维将其他传统媒体全部网络化，这将没有任何特色可言。如果是那样，传统媒体和网络媒体将没有任何区分，各自的优势和特点也彰显不出来。根据历史经验，任何一种新的传播媒介的出现，都会对传统媒介形成一定的压力，传统媒介都会积极吸收其精华部分进行新的发展。基于这种认识，广播媒体在融合发展中要始终坚持"内容为王",积极进行栏目更新,推进频道改革,打造精品节目,以丰富的节目和最新的手段吸引广大听众。

网络媒体在信息传递时效性和互动性方面有明显的优势,广播媒体一方面与网络媒体进行融合,另一方面在融合的过程中注意对出现的问题进行规避。广播和网络媒体融合的过程中,容易陷入各种误区,如重形式、轻内容的误区。过于注重形式而忽视了听众关注的是内容,会导致节目质量下降。随着有影响力的内容越来越少,听众就会慢慢流失。其实,新媒体只是一个平台,内容是核心,"内容为王""产品至上"是广播与新媒体融合的立足之本。无论二者如何融合,如何发展,广播媒体都不能丢失自我,而广播媒体的本我就是优质的音频内容。只要广播媒体做好自己的节目内容,做强自己的音频产品,生存和发展的根基就会打牢;只要广播做到以节目为本,真正做好节目,做到"三贴近",即贴近实际、贴近群众、贴近生活,广播媒体就会有强大的生命力,就能在媒介竞争激烈的背景下掌握自己的命运。在未来,无论广播媒体的形态出现什么变化,广播的理念如何转变、广播的平台如何宽广,但广播媒体的根,即以声音为介质的传播形态永远是广播赖以生存的根本。广播媒体在转型的过程中要牢牢抓住以"内容为王",打造精品节目才是关键。只要把握住这一点,广播媒体就不会在媒介的丛林中走失。

(二)如何做到以"内容为王"

1. 坚持"内容为王",就要积极提供最新资讯

信息影响我们的生活和发展,信息是媒体追寻的最终目标。作为受众,我们每天接触各种新闻媒体,了解每天发生的各种信息或资讯,以

探求周围世界发生的各种变化。无论今后科技如何发展，带给我们什么样的电子信息产品，无论今后媒介的形态和终端将如何先进，我们对信息的需求都不会变，特别是对有品质的、有力量的信息需求是不会改变的。人类信息发展的历史也表明，任何媒介所谓的争分夺秒，表面上是在争夺时间，事实上争夺的还是信息的传播，因此，"内容为王""品质为先"，是任何一家媒体都不能改变的制胜之道。各大媒体都在占领市场，争夺受众，实质上靠的是生产的优质内容和时时更新的创意。换言之，要想提高媒体传播力，就必须不断生产有竞争力的内容，这是媒体的核心资源。所以，广播媒体应该始终将为受众提供有价值的、可靠的信息放在第一位。当然，这也是一个良性循环，当媒体生产了优质的内容后，就能抓住受众的眼球，收听率、收视率也自然会上升，广告也愿意投放；当媒体争夺下更多的广告后，就会有一定的资金做后盾来生产更多的精品内容。目前市场上缺少的正是优质的产品内容，内容严重同质化造成资源的浪费，但同时优质的产品又非常稀缺，这也是影响媒介发展的一大顽疾。媒介从诞生的那一刻起就决定了它的性质是传递信息，所以我们应该遵循的规律是生产优质的新闻产品，通过优质的内容吸引受众，再来挖掘受众的商业价值。

2. 坚持"内容为王"，就要将新闻、音乐与讲故事作为广播的主要类型①

对于广播来说，新闻、音乐与讲故事是广播节目的主要类型，也是广播的价值所在，应该重点把握这几个要点。广播是听觉性的媒介，声

---

① 沈正斌. 新媒体时代广播的生存困境、发展机遇及其实现路径［J］. 中国广播，2016（7）.

音是广播内容唯一的符号载体。广播通过声音传递信息、塑造形象，因此语言表达的准确性、声音形象的清晰度和感染力等，都是非常重要的。广播的最大功能就是通过声音来表情达意，在人类的感官中，声音可以在执行它的任务时不影响人类其他活动的进行，如边干活边说话，这映射到广播上是一个非常大的优势。如人们在驾车的过程中，可以收听交通文艺广播，既可以休闲，又可以了解最新的路况。音乐对人类来说也是一种享受，在紧张的工作之后，听点放松的音乐，也是一种休闲的方式。随着网络媒体的发展，许多网络小说、网络剧开始流行，广播也开始制作故事，如当下许多热门的小说《三生三世十里桃花》《何以笙箫默》《步步惊心》等。在网络媒体发展的今天，只要继续开发这些优质产品，广播的地位就不会被撼动。

3. 坚持"内容为王"，就要制作优质音频产品

有观点认为广播是低成本的媒体，这句话有一定的道理，因为音频的制作相比视频的制作成本要低很多。但是不能理解太片面，不能因为低成本就认为做不出精品。生产精品节目并将其产品化是媒介竞争激烈情况下的发展策略之一，现在很多广播媒体开始录制广播剧等声音产品。如郑州台在2017年制作曾获茅盾文学奖的作家周大新的作品《战争传说》，通过组建专门的团队，将剧情角色演绎，并创作了专门的主题音乐，通过广播成功演绎该小说，并将产品推向市场。河南的戏曲资源丰富，有著名的《梨园春》节目，郑州台充分利用这一优势，在网上开设了"中国豫剧广播网络台"，录制并出版了20多位豫剧名家的专辑，同时投放市场进行销售。

4. 坚持"内容为王"，就要积极进行报道策划

对于重大题材的报道，广播媒体应该进行前期策划，创新报道形式，

多手段、全媒体进行传播。中央广播电视总台作为主流媒体充分展现了国家电台的风采，在纪念中国人民抗日战争胜利 70 周年时，通过现场直播、系列报道和开设专栏等多种方式，制作了《父辈的旗帜》等多种融媒体产品，受到听众的喜爱。广播媒体同时可以通过开展社会公益活动来丰富传播的内容，吸引听众。如湖南广播电视台的记者，通过寻找大山里失学的学子，燃起了听众朋友的热情，许多人为大山里读不起书的孩子捐款，引发了社会助学的热潮，也使广播听众朋友们黏合在一起共同关注这档节目。湖南台该档节目还多次发起社会公益活动，关注社会弱势群体，以大爱精神和柔美的声音，获得听众的喜爱，扩大了节目的影响力。同时，还可以发挥民生新闻广播舆论监督的作用。近几年获奖的广播作品中不乏舆论监督节目，此类节目在报道中能面向社会基层群体，贴近老百姓的生活并关注老百姓的切身利益，可以提高节目的影响力和公信力。近几年，中央广播电视总台也不断推陈出新进行改革。它围绕着广播内容和听众需求进行剖析，使一个频道既可以满足不同听众的同一种需求，又可以满足一类人的不同愿望。如《中国之声》主要解决所有人对新闻的需求；《老年之声》则针对老年群体，满足老年人的不同需求；《音乐之声》满足了年轻人对流行音乐的需求。此外，在改革的过程中，还可将互联网思维融入传统的广播中，开设微信公众号，扫描二维码送精美礼品等。

5. 坚持"内容为王"，可以积极打造"微广播"产品

在广播媒体、电视媒体诞生后，人们总是一家人聚集在客厅里持续较长时间地听广播、看电视，但随着网络媒体的发展、手机的使用，这些传统被打破了，人们更多的是利用各种碎片化的时间来接收信息。因此，多种媒体、一个声音的传播方式，已经不能满足受众对信息的需

求，小众化、分众化的方式才能吸纳更多的受众。21世纪后，我国学者把"碎片化"的概念引入传播学的研究中，并将其概念界定为社会阶层的多元裂化，导致消费细分、媒介小众化。可以说碎片化已经成为社会发展的趋势，影响到社会的方方面面，它是受众追求自我的必然结果，也是传播者从事传播活动的主要依据。在"碎片化"的影响下，受众的消费方式也发生了改变，消费者个性化意识在消费中的作用开始提升，消费的从众时代也已经过去。

在"碎片化"时代，消费者的消费方式发生了改变，作为信息的生产者也发生相应的改变。传统的广播方式诸如大板块节目、录制长篇通讯等已经不适合人们的收听习惯。对于广播媒体而言，生产者只有改变节目的呈现方式，才能争取到年轻的听众群体。现阶段主要根据听众碎片化的时间和碎片化的消费要求来调整节目，"微广播"产品就适合了碎片化时代听众的需求。"微广播"是指微型广播产品，它以音乐音响为背景，采访录音为内容，是单个完整的作品，广播时间较短，叙事完整，要件齐全。这种微广播产品具备消息的几个元素并运用通讯的手法，时间上不超过两分钟，但都独立成篇。微广播适合碎片化时代听众的需求，如江苏人民广播电台推出的《文艺微广播》在改版后受到听众的欢迎，它就是以碎片化组合为听众提供的套餐节目。

（三）积极与新媒体融合，进行技术上的跟进

著名的传播学家麦克卢汉曾说过，任何一种媒介都不是独立存在的，都是在与其他媒介的相互作用中，实现自己的意义和价值[1]。广播和网络媒体都是技术进步的产物，在新媒体时代，广播媒体应积极与互

---

[1] 麦克卢汉. 理解媒介：论人的延伸 ［M］. 北京：商务印书馆，2000：301—302.

联网媒体进行融合，虽然技术是形式，但它更是载体，只有加强广播媒体和网络媒体在技术层面的融合，广播媒体未来的发展才会更顺畅。广播媒体需要建立自己的数字化平台，为未来的发展提供更广阔的空间。

传统广播是通过无线电发送的方式进行传播，在网络媒体时代，无线电传输的方式已经跟不上时代潮流了，广播的传输方式正在改变，广播已经和新媒体进行融合，它吸纳了网络媒体交互性、移动性的优势，打造了新型的传播平台，从广播网站到网络电台，再到电台 App、微信电台，广播不再转瞬即逝、过耳不留，而是打破了时空的局限性，使触角得到了延伸。

目前，广播在网络媒体及手机媒体上开拓了一个巨大的生存空间，吸引了大量的听众。传统广播电台创办了自己的微信官方体验电台，听众进入电台的微信公众号后，就能在线接听该电台的所有节目，并与主持人进行互动。传统广播与微信、微博等社交媒体的合作，不仅推动了网络媒体的发展，而且为广播媒体的发展开创了新的空间。目前全亚洲最火的"优听"是电台收音机及有声内容平台，它汇聚了国内外 2000 多家电台，并集结了相声、小品、脱口秀、小说、有声读物、儿童故事、新闻评论、BBC（英国广播电台）、《百家讲坛》《罗辑思维》和《中国之声》等精彩内容，共转载了全球 3000 多家电台频道，还可以进行私人定制，与电台 DJ 进行互动。喜马拉雅 FM、荔枝 FM 等音频平台这两年发展势头良好。喜马拉雅 FM 是知名音频分型平台，目前用户已经超过 4 亿，2013 年其手机客户端上线，在短短的 2 年时间里，用户就突破 2 亿，成为国内规模最大的在线移动音乐分享平台。喜马拉雅 FM 有自己的企业文化，提出的口号是："用声音分享人类智慧，用声音服务美好生活。"提出的愿望是："成为全球声音生态的领导者，成为全球最佳内容创业平台，成为中国创业企业最佳雇主。"目前喜马拉雅的内容有：有声小说、新闻谈话、综艺节目、相声小品、音乐节目、教育培训、财经证券、儿童故事与健康养生等。在其勾画的产业链条里，出版社、作家、播主和粉丝通过其平台联结在一起。它将助力打造由出版社电台和作家电台组成的出版社电台集群，通过粉丝迅速树立出版社品牌，实现经济效益的转化，并通过网友打赏等方式实现转变。喜马拉雅 FM 支持车载终端、笔记本及苹果等各种智能手机和智能终端，2017 年 11 月，喜马拉雅入选时代影响力·中国商业案例 Top30，2018 年 8 月，喜马拉雅获金运奖最佳活动创意奖。目前，喜马拉雅是广播与网络技术结合的经典案例，这样的融合也为其他广播媒体提供了借鉴。

在传统媒体转型中技术是不可忽视的因素，国内外媒体的发展足以证明这一点。广播媒体要以技术为依托，不断创新、优化用户体验。著名的时代华纳公司一直以优秀和卓越闻名于世，公司成立于 1903 年，它是世界范围内最受欢迎和最成功的文化类公司，它旗下经营故事片、电视、电影与动画等，著名的影片《肖申克的救赎》《卡萨布兰卡》《盗梦空间》《哈利波特》等都出于该公司。2015 年花 10 亿多美元购买一个纯科技公司，就是为了弥补传统媒体技术的缺陷，这一举动为时代华纳的媒介融合打下坚实基础。2016 年著名的 BBC 公司在里约奥运会上运用虚拟现实技术成为其转型成功的一个转折点。

在 2016 年媒体融合的浪潮中，用户体验技术的应用格外引人关注。新媒体不仅可以拓展传播的平台，还可以带着用户进行体验。2016 年"两会"期间，《中国之声》利用全媒体技术，将声音和现场进行结合，达到现场 360 度无死角体验，使受众产生强烈的现场感。目前较流行的是 AR 技术，即增强现实，也被称为混合现实。它通过电脑技术，将虚拟的信息应用到真实世界，真实的环境和虚拟的物体实时地重叠到同一画面或空间同时存在①。AR 游离于虚拟现实和真实之间，只有亲身体验过增强现实，才会感觉到它的无限魅力。虽然虚拟现实已经受到大众的关注，但我们生活的社会毕竟是真实与虚拟相结合的社会，那才是完美的统一，增强现实最终会证实其用途的广泛性。所以，通过互联网和全球卫星定位技术的结合，增强现实在信息领域的发展空间是无限的。河北交通广播在"2016 年河北第四届汽车文化节"活动中就利用 AR 技术，将每个人隐藏在网络中，突破了时空的限制，手机客户端的点击率高达百万人次；2018 年春节期间，北京交通电台就推出"广播过大年，欢乐好声音"春节特别活动，这次直播节目在技术上实现了真正意义上的音视频同步直播，电台还为听众准备了价值 20 万元的现金红包和礼品，参与活动只需要关注"北京电台 RBC"微信公众号，说出每个时段主持人公布的红包口令，就有机会赢得红包和现金，其中单个红包最大金额 200 元，这种微信"喊红包"的活动吸引了成千上万听众的关注和参与，这种与微信的融合拓展了广播传播的平台，创造了广播新的互动模式，同时也是广播营销的成功创意，是媒介融合的成功尝试。

　　传统广播还可以利用云技术和大数据等获得大量的音频资源，实现由单一的内容生产者到内容供给者、生产者与输送者的转变。云技术是基于云计算商业模式应用的网络技术、信息技术、整合技术和管理平台技术等的总称，它可以组成资源链，按需索取，灵活便利。技术网络系统的后台服务需要大量的计算、存储资源，如视频网站、图片类网站和

---

　　① 朱淼良，姚远. 增强现实综述［J］. 中国图像图形学报，2004（7）.

更多的门户网站。云计算技术将成为重要支撑，简单的云计算技术在网络服务中随处可见，如搜索引擎、网络信箱等，使用者只需要输入简单指令就可得到大量信息。未来手机、GPS等行动装置都可以透过云计算技术，发展出更多的应用服务。云平台上的数据量化计算和技术分析处理技术等还可以为广播的栏目定位、听众需求等提供合理的依据。

华尔街著名投资家罗杰斯指出，复杂性是指理解或使用创新产品时，感知到的相对复杂程度。互联网感知的复杂性程度是指用户对互联网广播的功能、使用和操作方法的复杂程度认知。用户如果很容易理解新媒体的使用方法，对于新媒体的使用意向就会很高，相反，如果新媒体的复杂程度很高、使用难度很大，用户就会回避使用该媒体①。在互联网时代，人人手里都有麦克风，人人都可以成为信息的传播者，在音频的录制过程中，如果操作方法复杂，用户就无法很好地使用新媒体，用户的使用意向也会大幅度地下滑；反之，通过不断地提高新媒体技术，降低新媒体使用的操作难度，优化用户的体验，听众就会提高新媒体的使用频率，自主参与到节目的录制中，为广播的发展实现新的互动，增强广播媒体的影响力和公信力。

（四）加快体制改革、管理优化

我国全面深化改革的总目标是完善和发展中国特色社会主义制度，推进国家治理体系和治理能力现代化。党的十八届三中全会指出，必须在新的历史起点上全面深化改革，不断增强中国特色社会主义道路自信、理论自信、制度自信。这些政策对广播媒体制度改革提出了新要求，广播作为社会子系统之一，必须将"完善和发展中国特色社会主

---

① 郝洁. 数字广播技术的特点及其应用［J］. 西部广播电视，2018（14）.

义广播电视制度，推进广播电视管理体系和管理能力的现代化"作为改革的目标，建立中国特色社会主义广播电视体制，实现广播行业的体制自信、制度自信。

20世纪八九十年代，我国广播媒体创造了巨大的经济价值，行业领域内认为广播应该大力发展其经济能力，紧随市场的步伐，通过市场对广播媒体进行调控，一切以收听率为根本。在这种思想的影响下，广播一度忽视了它的公益性及它作为公共文化建设的一分子该承担的责任。近几年广播媒体在改革后又意识到它不仅要创造经济财富，还要提供公共文化服务。公共文化服务也是由企业运转的，需要更多的社会资本进入该领域，而社会资本进入广播媒体行业，就要进行市场化的改革，用市场进行资源的调配，用市场的发展带动公共文化服务，实现制播分离制度。

在中国，制播分离已经探索了20年。制播分离的概念最早起源于英国，它原意是指电视广播机构将部分节目委托给独立的制片人或独立制片公司来制作。随着受众对广播节目的需求越来越高，目前机制下，广播精品节目少，整体水平长时间处在较低水平重复运转，所以迫切需要广开渠道，拓展节目生产平台，聚焦社会力量，即实施制播分离，生产丰富多彩的节目。我国长期以来实行制播合一的体制，这种体制在组织调动各生产环节进行重大宣传报道、节目统筹规划与安全播出方面有积极作用，但是广播长期采用采、编、播一体化的生产模式，节目由自己生产、自己播出，缺乏竞争机制、创新能力，编播人员队伍繁杂，个别员工甚至一年只负责几个节目，这种制播合一、吃大锅饭的运行机制严重限制了节目的发展和资源配置，造成了电台效率低下。改革开放以来，市场经济机制的推行使人们生活水平提高，受众对广播节目的要求也越来越高，实行制播分离有两大意义：一是推动广播电台提高效率、降低成本；二是聚集社会力量为观众生产丰富多彩的节目。制播分离是广播电视核心业务的重大变革，是我国广播电视事业的必然选择，同时也是广播跨区域发展的前提条件。

本着解放思想、遵循规律、先行试点、建立模式，不断完善与逐步推开的原则，2008年12月中央广播电视总台《音乐之声》在开办六周年之际，由中央广播电视总控股的央广智库广告有限公司成立，《音乐之声》实行制播分离，成为中央台最早的制播分离实践者。随后，天津广电集团推行制播分离改革试点工作，改革先在四个部门试点。天津电台交通频道剥离可经营性资产，以频道所属交广传媒公司为载体，实行公司化运行；天津电视台少儿频道以频道控股天视阳光影视传媒公司为载体，实行播出管理与内容制作分离，宣传功能与经营功能分离；天津电视台电视剧制作中心进行企业化管理。上海广文新闻传媒集团炫动卡通频道组建了由集团控股的节目制作公司，频道与公司机构分设、人员分开、资产和财务分离，该频道在全国20多个大中城市落地，公司投资生产的动画片超过一万分钟。广西电视台积极利用社会制作力量，采用投资制作、股份合作并引进资源等形式，推进非时政类节目的制播分离，使节目制作成本大幅降低，节目制作水平显著提高，制作出品牌栏目。浙江卫视的《中国好声音》是中国电视历史上真正意义的首次制播分离。

美国新闻人费德勒曾说，传播媒介的形态变化，通常是由可感知的需要、竞争和政治压力，以及社会和技术革新的复杂作用引起的。广播节目的变化就是如此，对于中国传媒产业来说，媒介的发展除了技术手段的整合，更多的是观念和体制的完善。这些改革，打破了固有的行政格局，激活了员工的热情，为提高节目质量和提供更好的服务起到了重要作用。"一切以受众为出发点"不再是一句空话，而是实实在在的改革的出发点和依据。

（五）培养新型广播全媒体人才

2018 年 7 月在全国组织工作会议召开时，习近平总书记提出"千秋基业，人才为本"。做好新时代的组织工作，就要用好人力资源。习近平总书记强调要加快人才强国战略，确立人才引领发展的战略地位，努力建设一支矢志爱国奉献、勇于创新创造的优秀人才队伍。2014 年 5 月，习近平总书记在上海召开外国专家座谈会并发表重要讲话，指出要实行更加开放的人才政策，不唯地域引进人才，不求所有开发人才，不拘一格用好人才，在大力培养国内创新人才的同时，更加积极主动地引进国外人才特别是高层次人才，要积极营造尊重、关心、支持外国人才创新创业的良好氛围，对他们充分信任、放手去用，让各类人才各得其所，让各路高贤大展其长。2016 年 7 月发布的《新闻出版广电总局关于进一步加快广播电视媒体与新型媒体融合发展的意见》为传统广播深化融合、转型发展指明了方向，其中，建设融合型的制播体系、传播体系和人才队伍，加大政策扶持力度以保证融合发展，是该意见的重要工作之一。

要打造新型的主流广播媒体，人才是根本。但现在各大新闻院校培养的广播人才已经适应不了新时期人才的需求。随着广播行业知识的不断更新，各大院校的专业理论和实践也要跟上业界的发展，需要培养适合媒介融合背景下的全媒体型新型人才。这种新型的人才首先要用习近平总书记提出的有关中国特色社会主义思想和新闻思想、与时俱进的理论来武装头脑；其次要学习全媒体的各种先进技术和知识，如人工智能广播、无人机拍摄、VR 技术、移动网络电台以及采、写、编、剪辑等基本技能。总之，各大高校要根据当下媒体的发展，不断更新知识体系，为国家广播事业培养领军人才。

（六）积极建设国家应急广播体系

广播的应急功能在 2008 年南方雨雪冰冻及四川汶川地震灾难中凸显出来，之后广播在国家应急工作中的功能越来越重要。国家应急广播网是由中央广播电视总台主办的，2014 年 9 月正式确立并上线，它是以突发事件预警、新闻与科普为主要内容，以图文、视频、音频为主要形式，以服务公众应急所需为主要目的，打造"平时服务、战时应急、平站结合"的应急信息公益平台。

2013 年 4 月，国家应急广播在四川雅安地震震中芦山县开播，这是中央人民广播电台《四川之声》在芦山七级强烈地震后，第一时间启动国家应急广播报道程序，发挥国家应急广播主力军作用，并首次以"国家应急广播"为呼号，在突发灾难事件中对灾区民众定向播出的应急频率。由于广播形式多样、信息全面和及时准确，对芦山地区抗震救灾、稳定民心起到了巨大作用，受到当地群众的热烈反响和积极拥护。国家应急广播中心芦山应急电台的开播，是国家应急广播体系建设中的首次实践尝试，标志着中央广播电视总台国家应急广播功能的全新拓展。它的建设对实施抢险救灾有重要意义，在灾后重建过程中，于发布公告、指导救援方面还继续发挥作用，另外，芦山应急广播的开通，对于完善国家应急广播操作规范、运用方法等提供了宝贵的实践经验。

目前，中国国家应急广播已经建立国家应急广播网站、手机网站、公众微信、官方微信和手机客户端五大新媒体信息平台。国家应急广播网以"权威发布、互助信息、应急知识"为主要内容，以图文、音视频为主要呈现方式。2013 年 12 月国家应急广播官方微信向用户推送了第一条微信，官方微信以订阅号的形式固定向用户推送信息，普及应急科普知识。国家应急广播 App 采用扁平化设计，以用户使用习惯为核心，主要功能是定向推送应急新闻，根据用户的地理位置呈现预警信息；国家应急广播 WAP 网站，是国家应急广播网在移动手机上的同步呈现。目前，国家应急广播有自己原创的内容和线下活动，它的原创内容包括应急类音频、视频、科普动画、广播节目及应急 H5 等原创内容，在 2018 年 5 月国家应急广播应急装备拉动演练活动中，借四川汶川地震十周年之际，通过演练提升突发事件响应能力，进一步探索应急广播装备和人员的合理调配。

（七）落实和健全法律法规，为广播媒体发展提供法律保障

网络媒体时代是一个创造奇迹和网络大繁荣的时代，广播网站、网络电台、电台 App 和微电台等广播媒体爆发出巨大的力量，无数用户获益于高效、便捷的音频节目的生产和传播。但在发展的过程中，也存在着巨大的问题。如网络媒体的发展对广播音频的知识产权保护提出了更高的挑战。传统电台机构生产的内容，很多网络电台可以随意使用，这些音频到处被复制、编辑，音频作品侵权已是司空见惯的事。在线收听网络广播方便了听众收听往期的电台节目，但如何保护广播的著作权，如何维护广播组织的利益是广播发展中面临的一大问题。当下，原创节目也屡屡被侵权，原创作者的权益无法得到保证，长此以往将影响原创作者的积极性。只有通过制定完善的法律法规，才能真正保护音频制作者的权益。

目前我国广播电视方面的法律法规是 2013 年出版的《中华人民共和国广播影视法规汇编》，它收录了现行有效的广播影视行政法规、广

播影视相应司法解释、广播影视部门规章以及与广播影视相关的法律法规，共51件。但过去的五年，是互联网高速发展的五年，广播电视的法律法规已经不适用于新媒体时代广电行业的发展，只有尽快进行法律法规的补充和完善，才能紧跟时代的发展。

（八）健全广播公共服务职能，借助外力扩大广播实力

习近平总书记强调，要以基层特别是农村为重点，深入实施重点文化惠民工程，进一步提高公共服务能力①。中共十八大以来，国家不断加大对公共服务的投入力度，随着广播"村村通""户户通"等国家公共服务体系建设的深入，广播发展的空间进一步拓宽了。

为了增强广播的实力，广播媒体可以借助外力来实现发展。合作能产生新的生产力，合作力度越大，产生的生产力会越大，在这一方面中央广播电视总台首开先河。首先，中央广播电视总台和国家部委以及其旗下的企业进行合作，合作后不仅开创了获取信息的空间，也丰富了报道的内容；其次，中央广播电视总台和地方人民广播电台进行合作，中央广播电视总台还发起过中国广播联盟，已有近200家电台参与，中央和地方人民广播电台可以互通有无，增强信息传播的及时性；再次，中央广播电视总台建立了专家资料库，当发生重大的新闻时，让相关领域的专家学者参与进来，提高了节目的深度，弥补了广播深度报道不足的劣势；最后，中央广播电视总台和其他媒体进行合作，中央广播电视总台和纸质媒体、网络媒体的合作，开拓了新的信息传递平台。

---

① 聂辰席. 加快推动广播电视公共服务标准化均等化［J］. 求是，2018（20）.

第四节　广播媒体讲好故事的案例分析

2016年在党的舆论工作座谈会上，习近平总书记提出，要集中精力讲好中国故事。当下，"讲好中国故事"已经成为我国展示文化自信的重要手段，媒体担负着讲好中国故事的重要职责，那么，作为传统的广播媒体应如何讲好新时代的中国故事呢？

一、中国新闻奖广播获奖作品《吴家庄脱贫记》分析

在第27届中国新闻奖的获奖作品中，由山西省广播电视台报送的《吴家庄脱贫记》获得了三等奖。这篇作品是2016年春节前夕由山西省广播电视台台长郭健带领"新春走基层"记者团所采访的广播系列报道，该作品于2016年2月8日至10日在山西综合广播山西新闻播出，这是一篇制作精良的广播作品，是一个讲好中国扶贫故事的典范，同时也给观众展示了一个新时期中国农村、农业与农民巨大变迁的窗口，播出后引发了广泛的关注。这篇作品能获奖，主要有以下几方面的原因。

（一）紧扣时代主题，唱响扶贫主旋律

"人民信念""人民理念"是中国共产党的宗旨所在，是贯穿《以习近平同志为核心的党中央治国理政新理念新思想新战略》的出发点和落脚点，也是新闻舆论工作的思想源泉。新闻报道要以"人民理念"

为指针，用真挚的情怀书写人民群众的奋斗和创造。在我国，党性和人民性是高度统一的，体现了党的意志就是体现人民的意志，宣传党的主张就是宣传人民的主张，新闻工作者只有把对党负责和对人民负责统一起来，才能找到新闻舆论工作的活力源泉和动力根基。

2017 年是打赢扶贫攻坚战的重要一年，这篇作品是移民搬迁的一个典型报道。作品紧扣脱贫攻坚的时代主题，用带着泥土芬芳的扶贫故事，向受众展示了贫困农民致富后的美好生活，展现了全社会脱贫攻坚的多样化探索和贫困农民精神面貌的巨大变化。作品展示的吴家庄脱贫实践，对山西正在进行的脱贫攻坚工作具有积极的示范与鼓舞作用，是积极响应时代号召和人民意志的优秀作品。该作品播出后，受到了社会各界的一致好评。新华网、人民网、山西新闻网、太原新闻网等中央、省、市级媒体纷纷转载，山西广播电视台、山西综合广播微信公众号推出后，点击率破两万，被多家社会媒体和网站引用转发。

（二）深入基层，扎实采访

基层是新闻工作的源头，群众是新闻工作的根。中国新闻史的经验告诉我们凡是经过时间沉淀的佳作，大都来源于基层，来源于人民群众。在众多的作品中，这篇体现"走转改"精神的作品之所以能脱颖而出，是因为它敏锐地捕捉到中央精神与基层实践的有机结合，并通过深入细致的采访，用小故事反映大时代，生动展示了作品的思想性和时代性。2016 年春节前夕，山西广播电视台台长郭健带领"新春走基层"记者团，冒着零下 36℃的严寒，对吴家庄村进行了深入的采访。记者与村民一同挂灯笼、写春联、蒸白馍、炸年糕，亲身体验了搬迁后村民的真实生活，通过看产业、聊项目，共商发展大计。记者用真实的生活体验、真诚的心灵沟通，将发生在山西一个偏远贫困山区的脱贫故事生动地展示给听众，讲述了一个带着泥土芬芳的"中国故事"。

2016 年对于扶贫工作具有重要意义，这一年各大媒体纷纷扎根基层，深入调研。2016 年春节，记者驻扎在吴家庄村，在吴家庄村进行了蹲点采访。蹲点，是当下记者经常使用的一种采访方式，具体指记者选择某个地区较长时间地留住，或者建立经常性的联系，以求对某个具有典型意义的地区、单位、问题、个人取得深入全面的了解，做出有深度的报道，或者连续报道。地域性的蹲点调查是记者选择某个典型的地区和单位，包括先进的或落后的地区单位，从各个方面进行调查研究，全面系统地报道那里的情况，可以是成绩也可以是问题，以指导全局性的工作。蹲点调查对记者有较高的要求，记者需要有丰富的社会实践经验，有较强的分析问题和解决问题的能力，并善于从一个典型揭示出普遍的意义。山西广播电视台的记者在吴家庄村与村民同吃同住，通过深入乡村、下苦功夫的方法，记录了扶贫攻坚这项伟大工作所取得的成就，为其他地方的扶贫攻坚提出了现实性、可操作性的指导。在深入的蹲点下，记者先后采访了 20 位以上的人物，积累了丰富的谈话记录和原生态的音响素材，最终制作成了以广播系列专题为形式的节目进行播出，这部作品紧扣习近平总书记对扶贫工作提出的"精准扶贫"等重要论述，生动报道了吴家庄村脱贫的故事，为整个山西省的脱贫攻坚战打响了一枪。

（三）内容典型，文风朴实

"讲好中国故事"是新闻媒体在新时代的重要职责和使命，故事是讲给观众听的，故事要讲得让人爱听，就要让人喜闻乐见且符合和满足不同受众的阅读习惯和信息需求，也就是要做到接地气。

吴家庄脱贫记系列报道由三个作品组成，分别是《移民新村的年味》《能致富才能搬得出》《一个村趟出的特色扶贫》，每个作品大概都是 3 分钟，作品语言朴实、感情真挚且意义丰富，既有浓浓的人文情怀，又有理性的分析思考。作品中表现出来的工作作风、作品的文风、内容的典型性和主题的提炼把握，都具有示范意义。在脱贫攻坚工作处于关键时期的大背景下，很好地体现了"展示脱贫成绩，吹响脱贫号角，再鼓舞脱贫干劲"的宣传宗旨。

作品一开始便用开门见山的形式为全篇广播奠定了一个整体的基调。节目一开始，记者先向听众展示了典型人物王翠萍，她曾经为了致富搬到城里生活，但看到村里发生的变化后又搬回村，记者通过这个人物反映了村里致富给广大村民带来的新希望，归根结底还是移民搬迁工程、党的扶贫政策好。紧接着记者又给听众展示了村卫生所，村里卫生所虽然小，但治疗小病小痛绰绰有余，解决了群众的燃眉之急。村民原生态的录音话语真实、可信。再接着的画面是村学校，学生在电子琴的伴奏下唱着欢快的歌，这几幅场景的录音，村民、村卫生所与村学校都给听众展示了一幅祥和的农村画面。紧接着记者又采访了村民，油糕、猪肉丸子、鸡肉、年糕、喜庆的春联以及记者和村民略带调侃的轻松的话语，这一切烘托得年味更加喜庆了。讲好山西故事、传播好山西故事，记者用最质朴的话语，用听众听得懂、记得住和用得上的话语，很好地传播了吴家庄村的脱贫故事，话语生动活泼、鲜活有趣，都说到老百姓的心坎上去了。

广播媒体讲好中国故事，就是要做到心中有人、话筒鲜活。记者唯有深入基层、亲临现场，才能收获真实的故事，才能进行真实的传播，而记者的真诚是传播成功的先决条件。

二、中国新闻奖广播获奖作品《放下锄头"种太阳"》分析

在第 25 届中国新闻奖获奖作品中，由山西广播电视台报送的广播新闻节目《放下锄头"种太阳"》获得三等奖。这篇获奖作品讲述了太原市晋源区枣元头村一位地地道道的农民，在自家屋顶建起太阳能发电站，并在第一年就发电一万四千多度，收入一万多元的故事。

这篇广播消息时长仅 3 分 53 秒，却体现了国家的政策。国家提出推动大众创业、万众创新，这是激发亿万群众智慧和创造力的重大改革措施，是实现国家强盛、人民富强的"中国梦"的重要途径。农村的结构转型、农民的二次创业需要实实在在的案例引领，太原郊区农民雷春生放下锄头"种太阳"的生动事迹，就是发生在农民自己身边的一个鲜活案例。再者，国家近年来大力推广太阳能光伏发电项目，各地农村陆续涌现出一批"吃螃蟹"的人，但是，作为一名不具备专业知识的农民，是如何接受并操纵这一先进技术，能否赚到钱，会对生活产生什么样的影响，作者敏锐地发现和捕捉到雷春生这一典型事例，围绕大家关心的问题进行采访。雷春生自建太阳能发电站，原来是在美国读电学专业博士的侄子对他提出的建议，同时雷春生也是个善于学习新事物的人。这样雷春生"追梦""圆满"的经历就被报道出来了，成为中国农业转型、农村发展和农民创新的缩影。

该篇广播主题重大，以雷春生自建太阳能发电站的经历贯穿全篇，彰显了新时代农民与时俱进的市场意识和创新思维。作品结构精巧，语言生动、精炼，广播特点突出，可听性强，主人公风趣幽默的语言，以及作者对细节的捕捉能力，都给作品增色不少。而且，本篇作品的题目《放下锄头"种太阳"》生动形象，起到了画龙点睛的作用。

第三章

电视媒体讲好故事的实践研究

第一节　电视媒体发展概论

电视媒体是以电视为载体，进行信息传播的媒介或平台，它包括电视、录像机及摄像机等。电视媒体有"爆炸性媒体"之称，它的诞生意味着媒体走向一个巅峰。电视媒体也是实力最强的传统媒体，是人们日常生活中不可或缺的一部分。它作为现代信息社会中最有影响力的媒体，以信息传播及时和传播画面形象生动、直观易懂的特点赢得了大量的受众。目前，随着新媒体技术的发展，电视媒体也出现了新的形式，即以数字电视、IPTV 和移动电视为代表的电视新媒体。本章节主要探讨电视媒体的发展历程、电视媒体的优缺点以及我国电视媒体发展现状。

一、电视媒体发展历程

20 世纪 50 年代世界电视事业取得了大发展。到 1958 年年底，已有 67 个国家创办了电视媒体，在这种国际形势下，我国也开始了电视事业的创办。我国电视的发展分为几个阶段。

第一个阶段是中国电视的初创期（1957—1966 年）。我国的电视事业早在 20 世纪 50 年代末 60 年代初就取得了一些成就，但当时的中国，电视还远没有普及，能看到电视的仅限于极少一部分人。究其原因，除了技术条件限制外，主要是由于我国经济发展落后，工业基础薄弱，人民生活贫困，我国只能在艰苦的条件下建造一座电视台，由于无力维持这些庞大机器运转的高额费用，所以不可能大批量生产电视机，电视要成为一个广有影响力的传媒尚不可能实现。

第二个阶段是中国电视停滞期（1966—1976 年）。"文化大革命"期间，我国的电视事业发展受到很大的挫折和冲击，基本陷入停滞状态。

第三个阶段是中国电视恢复期（1977—1978 年）。从 1977 年开始，我国的电视事业逐渐恢复。一批在"文化大革命"中停办的专栏节目得到了恢复，同时又创办了一些新栏目。1978 年 1 月 1 日，北京电视台开办了《全国电视台新闻联播》节目，简称《新闻联播》。《新闻联播》的出现标志着以首都北京为中心的全国电视广播网的初步形成[1]。

第四个阶段是中国电视发展期（1979 年至今）。党的十一届三中全会以后，我国的广播电视事业获得了飞速发展，取得了令人瞩目的成绩。电视逐步引进广告，广告也逐渐成为电视台收入的主要来源；在新媒体时代，电视剧空前繁荣，网络平台也开始自制网络剧；服务型节目引领潮流，满足了受众对信息的需求，因此具有广阔的市场；娱乐节目走向兴盛，教学节目、教育台设置成为热潮；海外译制片、纪录片迅速

---

① 陆晔. 当代广播电视概论 [M]. 上海：复旦大学出版社，2002：15—217.

发展；以《春节联欢晚会》为代表的大型综艺节目开始走向电视节目的舞台，另外，电视节目开始用卫星传送，管理与体制走向规范化、现代化。

20世纪90年代开始，卫星电视、有线电视、高清晰度电视与多声道立体声伴音电视等先后进入人们的生活；90年代中后期，省级电视台节目陆续通过卫星频道播出，卫星电视的发展也推动了我国有线电视的发展；到90年代末，我国大城市居民家庭能接收到40多套电视节目，较发达地区的农村居民通过有线电视也能收到10套左右的电视节目；到20世纪末期，我国的有线电视用户已将近9000万户，数量名列世界第一位，卫星上天、有线落地已经成为我国电视传播与接收的主要方式，电视节目在传送数量和质量上都发生了质变。进入21世纪，数字电视等更先进的方式渐渐取代了传统的电视进入了人们的生活，给电视媒体带来了翻天覆地的变化。

我国电视事业的蓬勃发展主要有两个方面的原因。一是电视传播观念的更新和突破。节目的时效性大大增强，电视媒体信息的播出实现了同步；电视媒体兼顾大众传播和人际传播的功能；一些节目改变了以往信息程序化的发布形式，节目播出时主持人、嘉宾、现场观众能够进行自然的交流和沟通，给电视机前的观众面对面交流的感觉。二是电视技术设备的改进和更新。电子新闻采集设备ENG的发明和引进，使电视新闻的采集和录制变得更为方便，卫星系统在电视行业的运用又使电视节目的传送更加迅速、广泛。

我国电视事业在取得长足进步的同时，也存在不少的缺陷。目前，我国电视存在着频道资源浪费、栏目设置重复和节目雷同等诸多问题；来自电视媒介内部的竞争日趋加剧，市场日益多元化，受众被分流，广告也急速下滑，原来相对稳定并且数量庞大的市场份额正在被一步步瓜分；网络媒体等新媒体的发展，正在动摇电视"第一媒介"的地位。因此，更新观念、进行机制创新与改革是我国电视行业目前亟待解决的问题。

二、电视媒体的优势和劣势分析

（一）电视媒体传播的优势

自电视媒体诞生以来，传统的广播媒体、纸质媒体面临着巨大的挑战，电视媒体以其传播的即时性、传播的现场感以及强烈的画面感获得了巨大的受众。因此，电视媒体具有"覆盖面最广的媒体""日夜可见的强势媒体""高到达率低千人成本""最容易获得高声音份额的媒体"的称号。具体而言，电视媒体的传播优势有以下几点。

1. 电视媒体直观性强

电视媒体是视听合一的媒体，有视听合一的传播效果。广播媒体只能付诸于人类的听觉系统，纸质媒体只能付诸于视觉系统，二者不能有机结合。而电视媒体集视觉与听觉于一体，它将广播媒体与纸质媒体的优势集为一体，在真实再现新闻事件方面，既有纸质媒体的文字和图片，又有广播的声音，让人"眼见为真""耳听为实"。人们能够亲眼看到并亲耳听到新闻事件的发生发展，新闻有强烈的直观性，给人一种面对面交流的感觉，是其他传统媒体所无法比拟的。同时，纸质媒体对文化知识水平有一定的要求，低水平的受众有可能无法看懂报纸，但电视媒体的受众突破了人类对文化水平的限制，以直观性强的优势吸引了广大受众，是真正意义上的大众媒介，自诞生以来就成为强势媒体。

2. 电视媒体有较强的冲击力和感染力

电视媒体是传统媒体中唯一能进行动态演示的感性型媒体，其冲击力和感染力为其他传统媒体无法比拟。电视用声波和光波信号直接刺激人类的感官和心理，以取得受众在感知经验上的认同，使受众还原正在进行时的真实感。电视媒体用画面忠实地记录并再现讯息的形态，它表现的内容形象直观，活灵活现，受众无需对信息进行加工，完全可以凭借丰富的画面、富有现场感的声音，来感受事情发生、发展和变化，无需身临其境便能收到与现场同样的效果。可见，电视媒体的出现拉近了人们的空间距离，大大激发了人们情感的共鸣。

3. 电视媒体时效性强

电视是借助无线电波传输信号，平均每秒可绕地球约七圈半，从技术层面讲，这与事件的发生几乎同步。目前，随着数字技术的发展和通信卫星同步直播的使用，电视节目制作与播出的时效差进一步消除，广大电视受众可在事件发生的第一时间获得最新的资讯，与事件的发生、发展同步。因此，对重大事件进行现场直播，是电视媒体的不二选择。

4. 家庭式的接收方式

电视自诞生以来，接收方式通常都是以家庭或者其他更小单位进行的。电视产生之初，全家人围着电视共同收看电视节目。在共同的接收过程中，人们分享着电视带来的信息，同时也分享着彼此对电视节目的意见和看法，对活跃家庭氛围、增进家庭感情是有益的。从这一层面的意义上说，电视的这种接收方式有助于人际互动的形成。这也是电视传播的优势，它集大众传播与人际传播于一体。电视媒介不仅是感情的融洽剂，其本身就是一种存在形式。

5. 电视传播内容的主流化

电视媒体在长期的历史发展中，依靠其强大的背景和资源，在主流化视频内容的生产和传播中，处于绝对的垄断地位，在受众中有较高的权威性。电视媒体在信息的采集、制作、编排和播出的过程中，都有着较为严格的审查、把关和监控。由于新媒体自由化和个人化色彩强，在主流性和权威性方面无法与电视媒体相比较。因此，电视媒体依然大有潜力。要不断提高电视媒体的主流化和权威化，维持电视内容的强势。

在质量和品质上，除了上述的传播优势外，电视传播还具有参与性的优势，电视媒体在制作节目过程中，观众可以参与到节目中，与节目的主持人和嘉宾进行互动，使电视机前的观众产生强烈的现场感。同时，电视收看方式简单，只要通过简单的基本操作就能观看电视，没有知识文化的门槛，使得电视传播的覆盖面极广，几乎覆盖了社会各个层面的群众。电视收看设备的普及以及电视媒体广泛的受众群体，使受众将收看电视作为一种生活的习惯和必需品。电视作为强势媒体的地位不言而喻。

（二）电视媒体传播的劣势

1. 线性传播，转瞬即逝

电视属于线性传播，即在固定的时段播出固定的内容，受众无法在打开电视的第一时间看到自己想收看的内容，没有选择的自主性。故而当受众无法在规定的时间内接收电视节目时，受众会错过电视节目接收的时机。而纸质媒体却利于保存，受众可以随时翻阅，随时阅览，这一点电视媒体与纸质媒体无法相比较。同时，线性传播是以传播者为起点，经过媒介，以受传者为终点的单方向、直线型传播。可以说，电视媒体线性传播是其发展的最大劣势。

2. 电视传播受环境影响大

电视的接收信号受天气影响较大，天气状况不好，电视的接收信号也会受到影响，同时电视机不可能像印刷品一样随身携带，它需要一个适当的收视环境，离开了这个环境，也就阻断了电视媒介的传播。在这个环境里，观众的多少、距离电视机荧屏的远近、观看的角度甚至电视机的音量、器材的质量等，都直接影响电视的收视效果。

3. 电视传播不适合做深度报道

电视媒体的传播是以感性的画面为符号，虽然也可以用文字进行传播，但图片和画面是主要的传播形式。纸质媒体以文字作为传播符号，上下五千年，信手拈来。由于电视画面长于展示而拙于阐释，稍纵即逝，不具备抽象性和概括性，所以与纸质媒体相比较，电视媒体相对不擅长做深度报道和分析。

4. 单向传播，缺少互动

传统的电视媒体是面对面的单向传播模式，即电视播放什么节目，观众只能被动地接收什么节目，观众无法对电视台播放的节目进行自主的选择，只能享受电视台事先设定好的节目单，没有主动性可言。这种传播方式与网络媒体相比同样处于劣势，网络媒体的节目更具个性化和互动性，而电视节目的单向传播使其传播的互动性大打折扣，传播者无法第一时间知晓受众对节目的态度，互动感较低，反馈机制较弱。

除了上述的传播劣势外，传统的电视还有一个显著的传播劣势是传播的封闭性。从传播的内容到传播的形态再到传播的接收情境，传播始终处于一个封闭的状态。在整个传播过程中，作为传播者的电视媒介处于绝对主导地位，受众是被动的接受者，电视受众的个性化需求无法得到满足；作为观众甚至无法跳过电视广告，且电视是线性传播，一旦错过自己收看的内容，也无法得到弥补。

三、中国电视事业的发展现状

（一）据国家新闻出版广电总局对全国有线电视专项调查统计的分析报告①显示，目前我国的有线电视有以下的发展现状及特点。

我国有线电视发展起步较晚，但发展迅速。通过最近十几年的技术、业务的高速发展，从各自分散的小网络向以国家干线、省级干线和城域联网发展，实现了传输手段多元、传输内容丰富与传输质量可靠，为广大电视用户提供了丰富、可靠的电视传输服务。2011 年，全国有线电视用户突破 2 亿；截至 2017 年年末，全国有线电视用户数为2.14 亿。

目前我国有线电视传输机构不断提升网络覆盖范围，提升网络承载能力，主动应对发展挑战，努力创新服务模式和业态，具体呈现四个方面的特点。一是数字化、双向化水平稳步提升。有线电视数字化已经进入到最后攻坚阶段，2017 年我国有线数字化率已经达到 90.48%，有线电视进一步向高清化、超高清化发展。二是智能化发展态势良好。国家新闻出版广电总局支持应用自主智能电视操作系统，对于确保广播电视文化安全、把握智能电视产业发展主导权意义重大；各地有线电视运营商结合实际情况，与政府、行业、社区开展合作，积极推进智慧交通、智慧社区和智慧医疗等业务的发展，有效支撑行业的创新发展，为广播影视转型升级提供保障。三是网络整合取得阶段性成功。目前我国各省

---

① 中华人民共和国国家新闻出版广电总局. 全国有限电视发展情况专项统计调查分析报告 ［EB/OL］. 广电慧聪网，2018 - 12 - 04.

已基本实现"一省一网"的有线电视网络整合阶段目标。四是有线电视用户发展呈现新局面。2015年我国有线电视用户为2.36亿，创历年最高；2017年我国有线电视互联网宽带用户接近3000万户，较2016年增长670余万户。当前，以云计算、大数据和人工智能为代表的技术正在加速与国民经济各行业的融合，在满足人民日益增长的美好生活需求面前，有线电视技术行业需要以前沿技术为引导，创新性打造新业态，尽快形成新的增长点，最终实现有线电视的全面转型升级。

（二）根据国家新闻出版广电总局2016年统计年报和国家统计局提供的电视设备制造业相关数据显示，最近几年电视行业所占份额如下：

2016年全国电视广告收入1004.87亿元，占广告收入的64.95%，远高于广播和新媒体广告的收入；2016年电视剧国内销售额147亿元，比2015年减少6亿元，纪录片收入7亿元，比2015年收入增加1亿；2016年全国付费数字电视收入76亿元，比2015年增加6亿元；2016年全国广播电视节目销售365亿元，各地电视台和各大视频网站花了365亿购买电视剧、动画片和纪录片，为电视台创造了1004亿元广告收入；广播广告是电视广告的1/7，曾几何时，广播也是领先电视的媒体老大，但后来电视发展了，广播萎缩了。

近年来，随着电视剧行业相关政策的放宽及各种扶持政策的出台，我国电视剧市场在20世纪90年代尝试制播分离后，开始向民间资本开放，电视剧制作机构数量逐年稳步增长。目前，作为电视台主要收入来源的电视广告收入，奠定了电视剧市场长期发展的基础。电视台对优质电视剧需求不断攀升，将推动电视剧市场持续扩容；新媒体的兴起为电视剧行业发展带来新的机遇，随着互联网的不断发展，IPTV和互联网电视逐渐走进了每个家庭；用手机和平板电脑观看电视剧已经成为潮流。2013—2015 年，电视付费用户已经从 308 万增长到 2923 万，预测2016 年达到 6130 万人，到 2019 年估计超过 1 亿人次①。

2018 年是中国电视事业诞生的 60 周年。1958 年北京电视台开办，开启了中国电视事业的新纪元。60 年来，中国电视从无到有，从蹒跚学步到快速发展，成为当今最主流的媒体。60 年来，中国电视事业围绕大局，与党和人民同心同德，积极宣传党思想、党主张，反映人民心声，唱响主旋律，传播正能量，充分发挥了电视作为传媒主力军的作用。电视是党和国家的重要舆论阵地和文化阵地，是我国更好地了解世界，世界更好地了解中国的窗口。

第二节　融媒体背景下电视媒体的发展策略研究

人类的传播活动经历了几千年的发展，从口头新闻到纸质媒体，再到广播电视媒体和现在的网络媒介，每一个新的传播媒体的出现对旧媒体的发展既是机遇也是挑战。旧的媒体没有因为新媒体的出现而消亡，反而促使旧媒体更加深入挖掘自身优势，深入融合发展。各种媒体在不断发展的过程中形成了多层次的格局。在各种媒介相互竞争和融合中，电视媒体应积极面对自身发展存在的问题，搭上新媒体发展的快车，和新媒体在相互融合中发展并存。

---

① 中国产业信息网.2018 年中国电视剧行业发展现状分析［EB/OL］.中国产业信息网，2018 - 04 - 17.

一、传统电视媒体发展面临的困境

1. 电视媒体受众的流失

过去的几年里，互联网网民数量呈现几何式的增长。据中国互联网信息中心最新数据显示，截至 2018 年 6 月，我国网民规模达 8.02 亿，互联网普及率 57.7%；2018 年上半年，我国新增网民 2968 万人，我国手机网民规模达 7.88 亿①。仅从数据上就能看出网络媒体的强大，虽然在绝对数字上电视媒体的受众仍占有优势，但潜在的问题显而易见。在电视媒体的受众群体中，45 岁以下的青年群体所占比例及实际人数逐年下降，年轻人已经被网络媒体所吸引，对电视媒体的关注度明显下降，电视用户年龄结构有老龄化的倾向。在新技术的冲击下，许多中年受众也成为网民的一员，网络媒体对电视媒体的受众进行了很大程度的分流。究其原因，网络以其丰富的内容、形式的多样化大大激发了受众的收看兴趣，网络媒体的传播内容包括了各种资讯和网络节目，甚至还有一些电视上看不到的短视频。同时，电视媒体也逐步网络化、数字化，大部分电视内容也转投到网络上，从而使网络成为受众追剧的主要渠道，这一切都导致电视的人均收看时长和收视率的下滑，电视独大的局面已经结束。

2. 电视媒体广告收入的下滑

在新媒体的冲击下，电视媒体的受众已被分流，电视媒体的广告也同样被网络媒体所分流。互联网的发展拉动了整个媒体经济市场的发

---

① 中国互联网信息中心. 第 42 次《中国互联网络发展状况统计报告》［EB/OL］. 中国网信网，2018 - 08 - 20.

展，吸引了大量网民的关注；网民群体呈现年轻化的态势，年轻人成为消费的主体，广告商势必会将部分广告投入互联网中，电视媒体的广告收入随之下降。数据显示，电视广告投放量从 2015 年开始连续三年下滑，2016 年中国电视广告投放额比 2015 年减少了 210 亿元人民币。面对新媒体的冲击，电视的光环在逐渐褪色。新媒体技术的发展，电视受众逐渐分流，广告流失和下滑，是传统媒介生态环境恶化的一个重要标志。

3. 电视媒体人才流失严重

目前，传统媒体人才流失，已经成为广电行业提及率最高的话题。我国电视媒体也存在人才大量流失现象，有 11% 的电视媒体工作者脱离电视媒体行业流向新媒体或其他行业。随着短视频的兴起和音视频付费产品等新媒体形式的发展，传统电视人的思维已经跟不上时代步伐，传统媒体的一线采编人员与主流视频网站的一线编辑相比，在业务能力上的差距也越来越大。而当前新媒体发展势头正旺，为了紧跟时代步伐，大量优秀电视人离开老东家转投新媒体。如中央电视台的马东，2012 年离开央视，转投爱奇艺；中央电视台的刘建宏，2014 年从央视辞职加盟乐视 TV；凤凰卫视著名主持人杨锦麟，2013 年辞职加盟腾讯视频；凤凰卫视刘春，2011 年辞职加入搜狐视频从事搜狐视频业务，如今又重返凤凰卫视并任命凤凰新媒体高级副总裁。归根结蒂，人才是任何一个行业发展的核心，大量电视媒体领军人才的流失对电视行业的发展带来致命的一击。

4. 电视媒体节目版权受到侵害

版权，是国内网络中至今未能解决的症结。就电视节目要回看这一功能来看，其给公众带来了巨大便利的同时也存在被侵权的问题。电视媒体播出的节目没有做好版权保护工作，网络媒体非法转载电视节目的现象非常普遍，如转载变原创、转载不署名、转载无链接以及非法转载等。这是一种电视媒体内容资源被转移的现象，会导致电视节目内容资源吸引力降低，并间接壮大网络媒体发展的状况。由于互联网发展的迅猛，我国网络媒体发展的相关法律法规没有跟上，尽管侵权行为不断，但被起诉的寥寥无几。之所以出现这种情况，一方面是普遍缺乏版权意识，另一方面盗版者多，起诉成功的补偿常常不及起诉时人力、财力的消耗。

5. 新媒体开始大融合发展，突破对传统电视节目的依赖

（1）以阿里巴巴、腾讯、百度等为代表的互联网企业除了发展其核心的业务外，还不断拓展其产业链条。如著名的腾讯影视投资基金投入五亿元人民币，进行电影、电视剧制作项目和有成长性的影视制作公司的投资。这是腾讯 2011 年"开放、共享"战略的重要举措之一，目前投资金额已逐步加大，腾讯视频也在市场上占有一席之地；著名的百度公司也重金打造爱奇艺，后又收购了 PPS，百度董事长李彦宏也提出：百度要做好看的短视频。阿里巴巴集团所涉及的领域已经非常广泛，人们的日常生活几乎已经离不开它，除了淘宝、天猫与支付宝，优酷视频、土豆视频，阿里巴巴旗下还有阿里影业。目前，阿里巴巴集团在上海发布了全域家庭战略，这是阿里巴巴在智能电视领域的一项重要进展，也是行业内第一次以数据解决家庭视角的营销问题。

（2）网络自制剧的兴起。网络自制剧是通过网络平台或各互联网链接的终端进行播放的，由视频网站独立或与影视公司进行合作、具有网络属性、以网民为主体并结合传统电视剧的制作方式所制作的网络剧[1]。目前，

---

[1] 屈定琴. 大数据视域下网络自制剧质量提升引导策略［J］. 数字传媒研究，2018（5）.

以乐视、优酷、爱奇艺为代表的网络媒体，大规模、不间断地生产着自制网络剧，成为我国主要的网络剧出品阵地。网络自制剧为传统电视剧的延伸或补充，深受广大网民欢迎，随着传播平台的增多和欣赏口味的变化，许多人不再像过去那样单纯守着电视机。在这种情况下，网络自制剧应运而生且在短时间内风生水起，逐渐自成一家，保持着旺盛的生命力。

传统的电视媒体仅仅是人们获得信息、进行休闲娱乐的渠道，而现在的新媒体不仅可以提供传统电视媒体的功能，还是人们进行社交、消费的平台。新媒体不仅具有电视媒体的功能，还扩展了传统电视的功能，传统电视媒体面临着巨大的挑战。

二、传统电视媒体和新媒体融合存在的问题

目前，我国大部分的电视媒体都创办了自己的附属网站，进行了物理层面的融合，将自己的领域扩展到了新媒体，但这种融合浅尝辄止，存在着诸多问题。首先无可忽视的一点是，媒介融合的口号虽然已经喊了好多年，但真正将新媒体和电视媒体进行融合，再落实到媒体的日常运营需要一个过程，有一个周期。

各大卫视主管针对电视媒体和新媒体融合提出了各自的看法以及在融合过程中存在的问题。安徽卫视总监张阿林指出，电视融媒体仍处于一个摸索阶段，在媒介融合的万米长跑中，电视媒体融合尚处在起步和初级阶段。北京电视台副总编辑徐滔指出，在媒介融合中纸媒始终走在融合的前列。但《纽约时报》在纸媒发行的同时也做新闻网站，只不过最终尝试失败了。事实上，电视媒体是主流媒体，要在做电视的同时再做一家新媒体，这种尝试成功的概率很小。因为两种媒介之间的基因

完全不同，电视媒体融合或许应该在二者真正拥有了共同的基因之后再开始做。同时，在这一过程中，电视媒介必须清楚坚持下去的理由是什么，在导向正确的基础上，怎么做能让我们生存得更有意义，甚至更好更恒久，我们必须清楚我们需要什么。有专家认为，目前电视融合的阻力主要来源于两点：一是传统媒体人不具备新媒体基因，二者本身就不一样；二是投资了没有回报，没有盈利。目前，很现实的一个问题是运营一个媒体需要几亿元的投入，但网站却没有盈利的能力，尤其是电视媒体经营困难的状况下，只投钱没有回报不行。CTR 执行董事徐立军认为，目前二者相融最大的阻力源于机制和体制，而不是资金、不是技术、不是人才，也不是意识观念。上海东方卫视中心总编辑鲍晓群指出，电视融合最大的阻力是电视人还没有到谷底绝境，如果到了生死存亡之际，求生的欲望就会让电视媒体跨出大步，所以在这个层面上看是市场化动力不够，从行业管理到政策主导，都没有将电视融合转型纳入重要考核或业务指标，上级要求和台里评价的社会效益和经济效益还是传统的媒体模式，没有一套引向融媒体的管理体系和实操做法。所以，很多电视台与新媒体融合更多还停留在不断修改的规划，或尝试做些小规模的两张皮的独立探索。至于传统媒体的国资属性，一般不允许新媒体的大规模投入存在风险和长期亏损，更没有民营新媒体企业运用资本市场的政策资源。所以，融合转型一定是广播电视今后发展毋庸置疑的方向。绍兴广播电视总台副台长李武军认为，在市县级台的媒体融合有三个方面的问题：一是动力不足，从认知、理念及紧迫感到性价比，尤其是盈利模式；二是动力不强，我们技术、设备、人才的投入、氛围等各方面不够强，特别是真正的资金投入不多；三是动机不纯，我们为什么融合，有内部的原因也有外部的引领①。

具体来说，电视媒体和新媒体的融合有以下几个方面的问题。

（一）电视媒体和新媒体融合深度不够

由于国家政策的指引，绝大多数电视台都创办了自己的新媒体传播平台，但这些平台只是流于形式，不管是人员的匹配还是管理观念都与实际意义上的新媒体发展存在距离。目前，电视媒体已经进入了集团化、产业化的发展阶段，但在发展新媒体的问题上，观念依旧没有转变过来。在落实到实际行动方面，对于是否要大力投资创办新媒体平台，是否要成立独立的编制团队，与电视媒体资源如何实现共享等问题上没有达成共识。

（二）运营管理层面存在不足

首先，我国自改革开放以来电视媒体的性质是事业性质、企业管理，国家新闻出版广电总局的这种性质使电视媒体不能完全靠市场来调解，而"四级办台"等规定使国家新闻出版广电总局存在产权不清、政企不分与政策模糊等问题。由于事业单位的特殊性，我国在电视媒体方面实行政府台制，媒体的核心领导人是由行政权力来任命，资本对核心领导者的影响相当有限，当行政权力和资本运营发生冲突时，当然是资本的退出。其次，在资本运营方面，我国目前还没有民间资金进入媒体的相关法律法规，对于媒介经营中是否能吸纳大量民间资金创办新媒体政策规定不明确，因而大力发展媒介融合以及如何发展在资本方面还没有相应的法律保护，使电视媒体运营者在实际操作中很难得到法律层

---

① 媒介杂志. 融媒体时代，电视人要怎么想，该怎么干［EB/OL］. 媒介杂志微信公众号，2017－08－07.

面的保障，限制了我国媒介融合的力度。再次，传统的电视媒体在新媒体的冲击下存在着广告下滑、受众流失严重、资金亏损等问题，如果再进行新媒体的运营对电视媒体来说无疑是雪上加霜。而且我国电视媒体的产业结构单一，国内电视台主要靠广告来获得收益，进行新媒体的运营，资金从何而来，如何管理是摆在电视媒体面前现实的问题。

（三）电视媒体机制难以适应媒体融合发展需要

在新闻生产机制上，传统电视媒体的新闻传输方式已经不能适应新媒体时效性的要求，传统的新闻采集模式也不能满足网络传播的需求，传统的以图文为主的采编方式会导致新媒体平台的内容素材过于单一、形式过于死板，无法吸引用户的注意力和阅读兴趣，从而影响平台的传播力和影响力。资源共享机制是新媒体时代新闻生产的核心机制之一，资源共享的不完善导致大量的信息资源浪费，同时会对后期信息整合带来困难。

在信息传播机制上，以电视媒体为传播主体，以用户为受众的单向传播模式已经不适应新媒体时代的双向传播受众参与。在信息传播过程中，电视媒体的信息传播主要靠新闻播出以及层次式的信息推广，这种方式传播受众有限且传播速度慢，与新媒体的传播模式无法相较。而新媒体时代，在信息生产完毕后需要进行多终端、多途径分发，如何进行信息分发也将影响媒体的传播力。

在媒介发展机制上，媒体运营机制和考核机制是重点。传统电视媒体的运营主要靠广告获利，而电视媒体受众已经转投新媒体，电视媒体收视率的下降使广告随之下滑，在广告收入减少的情况下，以广告为主的单一运营机制不能适应媒体融合发展需要。在考核机制上，以电视媒体工作成果为标准的采编人员绩效、激励等机制也不能适应新媒体的考核标准。

　　媒介的竞争最核心、最关键是人才的竞争。目前，电视媒体优秀人才流失严重，新媒体的人才发展却处于磅礴发展期。"互联网＋"是互联网与其他媒介形态的结合，媒体在融合发展中需要的是跨媒体、全媒体人才，如数据分析师、舆情分析师以及新媒体编辑。传统的新闻采编人才已经不能适应复杂的市场发展需要，目前我国各大新闻专业院校对学生的培养模式依然延续传统，缺乏复合型人才培养的情况急需进行改革，以顺应时代潮流发展。①

　　总之，新媒体的发展给传统电视媒体的发展带来了巨大的挑战，我国电视媒体的管理机制等使双方在融合的过程中也面临着诸多的困难，媒介转型融合发展不是一个概念，一个符号，而是存在着观念、管理机制与人才等各个层面的问题，电视媒体只有积极正视这些问题，才能在今后的媒介融合中走好万里长征第一步。

三、传统电视媒体和网络媒体融合初探

（一）怎样判断电视媒体和新媒体的真假融合

　　对于电视媒体和新媒体的融合，存在"假"融合的风险②。中国青年报发表评论员文章，提出了探讨检验媒体真假融合的四把标尺。认为对于什么是"真融合"、什么是"假融合"有四把标尺。第一把标尺，即是否在党委统一领导下落实意识形态责任制。推动传统媒体和新兴媒体的融合发展，要遵循新闻传播规律和新兴媒体发展规律，强化互联网

---

①　唐绪军. 新媒体蓝皮书：中国新媒体发展报告 2016. 北京：社会科学文献出版社，2016.

②　中青在线. 检验媒体真假融合的四把标尺［EB/OL］. 中青在线，2018－10－29.

思维，坚持传统媒体和新兴媒体优势互补、一体发展，坚持先进技术为支撑、内容建设为根本，推动传统媒体和新兴媒体在内容、渠道、平台、经验与管理等各方面的深度融合①。如果在融合转型过程中，多头管理、分片包干且几个机构并存，把经济效益放在落实意识形态和社会效益前面，就是假融合。第二把标尺，即是否真正的"融为一体、合而为一"。媒介融合发展关键在于媒体间融为一体、合而为一。如果融合之后，内部还有所谓传统媒体、新媒体之分，班子成员分工还有某个领导分管新媒体，媒体内部仍然是多支队伍分作多个平台，就是假融合。第三把标尺，即是否真正实现了"一支队伍，多个平台"，并在转型为"你就是我，我就是你"的新型主流媒体。要尽快从简单的"相加"阶段迈向相"融"阶段，如果报是报，网是网，移动端是移动端②；如果还是管理、机制、流程和产品相互割裂地简单报网互动，那就是假融合。第四把标尺，是否真正以内容创新为根本，是否充分传承和发扬主流媒体内容、人才优势推出全媒体精品。习近平总书记指出，对于新闻媒体来说，内容创新、手段创新与形式创新都重要，但内容创新是根本的③。如果认为传统电视台仅仅是老化的内容制作基地，以为只要商业化、市场化运作，有无专业化和新闻理想的人才队伍无所谓，就是假融合。总之，只有真融合，才能真正落实好意识形态责任制这一主责主业；只有真融合，才能真正把国家已经或将要支持的每一分钱用到位；只有真融合，才能在确保意识形态安全的前提下，真正推动全面转战新媒体主战场，

---

① 人民网传媒频道. 习近平：推动传统媒体和新兴媒体融合发展. 人民网，2014 - 08 - 18.

② 同上。

③ 同上。

推动媒体融合产业化升级再造；只有真融合，才能真正打造出新闻舆论传播力、引导力、影响力公信力都更强的新型主流媒体。

（二）电视媒体和新媒体融合之路

在新媒体大力发展的背景下，对电视媒体的发展既是挑战又是机遇。电视媒体如果不积极与新媒体进行融合，就无法开拓更为广阔的市场，其将面临着广告下滑、受众流失的困境；如果电视媒体与新媒体积极融合，电视媒体的发展就会打开一扇新的窗口，不仅能再次提升电视媒体的发展空间，而且还能为今后电视媒体的转型发展打下坚实的基础。"穷则变，变则通"，电视媒体在改革的过程中既要充分发挥自己的优势，又要积极吸纳新媒体的优势，在媒介融合时代，披荆斩棘走出一条属于自身的创新之路。

1. 改革电视媒体的管理机制

（1）要转变政府的职能。一方面，将政府对电视媒体的直接领导转变为加强组织领导。政府对于媒体的管理应当是政策方面的扶持和积极组织，而不是直接进行行政干预。目前我国媒体是企业运转模式，电视媒体应该有充分的自主权，对于节目生产、内部运营，有自己的话语权，政府有收有放，媒体才能灵活地出入市场，才有发展的生机；但另一方面，政府对电视媒体要进行监督，保证大方向的正确性。具体而言，第一，政府要高度重视电视媒体的融合发展，安排专门人员对这一工作进行负责，特别是各级广电行政部门要为电视媒体与新媒体的融合发展创造条件，把广电融合发展放在重要的位置，对广电融合发展进行积极领导、统一调度和统一管理，确定当下发展的重点项目，依靠重点项目，加快深度融合，并对工作进行积极落实；第二，在加大政策扶持力度方面，国家新闻出版广电总局要从完善法律法规、行业准入与行业秩序等层面对电视媒体的融合发展提供保障，对新型的主流媒体和新型媒体集团加大扶持力度。各省、市、县级广电行政单位要加强对自己所在区域的媒体进行重点项目的设置，将电视媒体的融合发展纳入当地文化发展的规划中。可以设置电视媒体融合发展的专项资金，积极向电视媒体融合发展的重大项目进行资金倾斜，还要对电视媒体融合发展引入的社会资本进行规范管理。与此同时，市、县级媒体也要加快其融合发展道路，各级财政要对其融合发展加大投入，并将收益的一部分用于新媒体平台的建设。

（2）政府要加大对电视节目的产权保护。政府相关部门要不断完善法律法规，加强节目内容版权保护，加大对盗版等侵权行为的查处力度，维护电视媒体著作者的权利，为节目版权交易制度和交易平台，提供便利的条件和保障。政府部门还可以推动版权保护相关技术的研发应用，加强对盗版等侵权行为进行追溯，积极发挥广电媒体行业协会的作用，强化广电媒体自身的自律能力，增强行业正版化的意识。强化对节目、信息制作传播中的版权等知识产权的保护。

（3）要积极完善广电发展的市场机制。市场机制是通过市场竞争对资源进行配置的方式，即资源在市场上通过自由竞争来实现配置的机制，具体说是市场机制内的供求、价格与竞争等要素之间相互联系及作用的原理。电视媒体作为市场主体从理论层面讲要积极参与市场的竞争，但由于我国电视台管理上的限制，对市场的敏感度反应慢，市场竞争力没有充分调动起来，如果放手让电视媒体参与市场的竞争，大部分的电视媒体不能适应。这就需要政府的积极引导，并在政府积极培育有市场竞争力并遵循市场规则的电视媒体，相关市场监管的法律规则要不断完善，才会使电视媒体得到长足发展。

（4）要加强电视媒体从业者的职业道德教育。电视媒体要在市场竞争中大显身手，作为电视媒体的工作者就要懂得媒体出入市场应该遵循的职业规则。如果对良性市场的发展进行破坏，电视媒体就无法自由出入市场。作为媒体工作者要恪守职业道德、承担社会责任和维护媒体公信力。在社会主义核心价值观体系下，对电视媒体从业者进行职业道德伦理教育，增强行业自律性。

2. 提供优质节目内容是王道

《关于进一步加快广播电视媒体与新兴媒体融合发展的意见》中指出，媒体要融合发展必须坚持内容为王，以内容优势赢得发展优势。坚持内容为王，必须增强广播电视台的节目原创能力和节目集成能力，构建面向多渠道、多终端传播的节目资源体系。强化"新闻立台"，改进新闻采编，进一步提高新闻发布及时性和节目内容权威性，把握舆论主动权。树立精品意识，实施品牌战略，提升节目品质，加大对影视剧、综艺、文化益智、生活服务及社会公益等各类节目内容创作生产的投入，让电视媒体成为讲好中国故事的主力军。

新媒体只是一个传播平台，节目内容才是电视媒体发展的关键和核心。优质内容是文化产业发展的源泉，在信息海量化、媒体竞争激烈的时代背景下，生产造优质的内容，进行品牌栏目的打造十分重要。最近几年，电视媒体越来越重视提供优质的内容，省级卫视里不乏优质的节目，这些优质的节目为省级卫视赢得了好的口碑和高的收视率。湖南卫视的《爸爸去哪儿》，河南卫视的《汉字英雄》《梨园春》，江苏卫视的《非诚勿扰》，浙江卫视的《中国好声音》，黑龙江卫视的《见字如面》，这些节目靠高质量的内容吸引观众的注意力，增加了观众的黏稠度。2017 年年底在中央电视台播出的《国家宝藏》赢得了口碑、收视的双丰收，而且节目受到了广大年轻观众的喜爱。节目通过设置明星演绎与历史厚重感的国宝文物相结合，以优质的内容和新颖的形式获得了广大观众的青睐。在节目播出前，多家博物馆官方微博就发起话题，引起了观众的关注。这也说明了电视媒体只有打造优质节目，才能引起马太效应，收视率、广告才能跟得上，这也有利于电视台集中资源开发多种渠道与新媒体进行融合。

通过对近几年品牌栏目的研究，发现打造优质内容主要应做到几点。一是节目的定位必须清晰，一档节目要受到观众的喜爱，必须有清晰的定位，如传播的内容是否正能量，能否引起话题，传播对象即潜在的受众是谁。新媒体的一个典型特征是互动性，而传统电视媒体单向传播的标点已经不能适应新媒体时代的要求，电视媒体要积极吸纳新媒体的优势，通过大数据的分析，明确当下观众的需求。如央视打造的《开讲啦》，是中国首档青年电视公开课，创办于 2012 年，每期节目由一位知名人士讲述自己的故事，分享他们对生活和生命的感悟，讨论青年们的人生问题，给予青年现实的疏引和心灵的滋养。由于定位准确，该节目获得 2017 年第 23 届上海电视节最佳周播电视节目奖。二是节目要根据地域特色，立足当地的文化传统，打造具有地方特色又能面向全国的节目，如河南电视台的《梨园春》，就是典型。《梨园春》是以豫剧为主，汇聚全国各地不同戏曲剧种，以戏迷擂台方式呈现的一档戏曲综艺节目，是中国电视界戏曲栏目的第一品牌，同时也是中国电视戏曲类栏目的引领者。该栏目由创始人周迪军于 1994 年在河南卫视推出，至今已有 20 多年的历史，是中国生命力最强的电视节目之一。《梨园春》获奖无数，其中曾荣获由《哥伦比亚新闻评论》中文版评选的媒体行业的"中国标杆品牌"称号①。三是电视媒体生产的内容要紧跟时代潮流和国家政策，唱响主旋律，讲好当下的中国故事，如央视财经频道打造的《回家吃饭》。在这档节目中，来自全国各行各业的普通人和特级厨师在一个家庭化的厨房里边做饭边聊天，用食物投射国家经济的发展、人民生活的改善，用看得见、摸得着、有温度的方式，最直接地让观众感受到国家的强大和生活的美好，传承中华料理文化和家风家味，传递积极、乐观、健康、温暖的生活方式和态度。总之，电视媒体要通过打造有特色、有吸引力，同时又能够引导时代潮流的品牌栏目，才能经得起时代的考验。

此外，电视媒体要提供优质的内容，需要进一步实施制播分离制度。随着我国制播分离政策的日益完善，电视媒体的制播分离改革已经由摸索变成了一种常态。同时，在网络媒体发展的大背景下，我国电视台若要有长足的发展，就要通过电视媒体和网络媒体的融合，进行转企改制、资源整合，打造现代意义上的市场主体。电视媒体可以将自身的优质资源同网络媒体的创造力结合，生产出观众喜爱的电视节目。

3. 积极推进渠道融合

媒介融合时代，碎片化的传播使受众养成了多屏互动、快速阅读收看的习惯。不少传统电视媒体利用新媒体的发展，对现有资源进行整合再利用，与新媒体积极互动，彼此促进。在融合的过程中，有这样几个阶段。

（1）媒介整合的第一个，阶段即发展初期是电视媒体自己创办网站并开办网络电视，如较早开办网络电视的电视台有中央电视台创办的

---

① 邹加倪. 全媒体时代《犁园春》的创新路径 [J]. 中国广播电视学刊, 2017 (3).

CNTV，浙江广播电视集团创办的新媒体浙江第一视频门户新蓝网，湖南卫视在线视频媒体平台芒果 TV，安徽电视台网站、安徽电视网基础上发展起来的新媒体，中国热剧第一门户中国安徽网络电视台等，这些新媒体以电视台为依托，面向市场，服务民众，努力为网友提供互联网、通信网与电视网三网融合、无缝衔接的新媒体优质体验，自创办以来都获得了不错的收视率。

（2）媒介整合的第二个阶段是"台网互动"，视频网站与电视台本来是竞争对手，但目前与电视台进行亲密合作已成为视频网站摆脱盈利困境的选择，如湖南卫视的选秀节目《向上吧，少年》是与搜狐视频台网联动的新节目，湖南卫视之所以选择这样的运营模式，是因为湖南卫视拥有大量的青少年观众群体，这与搜狐视频的用户相吻合。除了搜狐视频外，优酷土豆、爱奇艺、腾讯视频和乐视网等网站也与电视台进行合作。台网联动这一模式改变了传统的电视剧播出和观看模式，为视频网站提供了优质的电视节目，也使电视台的内容播放开拓了渠道，可以说新的商业蛋糕正在形成。

（3）媒介整合的第三个阶段是电视台与新媒体渠道融合，随着4G时代的到来，通过手机在线看视频已经成为一种新的潮流。目前大部分电视媒体已经开发了自己的手机 App，通过手机 App 不仅能看电视台直播的内容，还可以点击电视频道的所有节目，同时利用手机 App 还可以参与互动，使受众增强了参与感，也吸引了更多的受众。

（4）媒介整合的第四个阶段即当下比较热门的融合形式是电视媒体加强与社交媒体的合作。新媒体最突出的特点是互动性和参与性，但电视媒体是单向传播，受众的参与度是非常有限的。不过，电视媒体通过开办自己的微信公众号、官方微博等方式可以与观众进行有效互动，让电视观众更多地参与到节目中。如中央电视台的《机智过人》推出了"虚拟站队"即时互动，通过微信摇一摇实现大小屏幕同频共振，提升了用户参与度和黏合度；中央电视台的《中国谜语大会》采用微信互动方式，让电视观众参与到节目中与选手共同答题，极大提升了电视受众的参与性和电视节目的趣味性；中央电视台的《中国诗词大会》节目开通官方微博，进行节目预告和精彩视频展播，组织网络版飞花令，网友在评论区接力对诗，提升了节目的热度。电视节目的精准定位，不仅涵盖了腾讯视频、爱奇艺等视频播放网站，还通过秒拍等短视频 App 进行二次传播。总之，各大电视台在社交网站上的投入，能得到观众的热情反馈，增强与观众的互动。

加快融合型传播体系建设，就是要借力商业平台传播技术和渠道，利用微博、微信公众号等社交媒体形式，"以我为主"，发展融合新业态，推进节目制播与社交网站平台对接互动，利用社群吸引用户参与节目制作和传播，丰富用户体验，增强平台黏性。

4. 积极进行融合型人才队伍建设

媒体融合的大时代，传媒内容的生产和运营模式都有翻天覆地的变化，且这一变化对媒体从业者的要求也相应提高，媒体人只有掌握多种技能才能适应新媒体带来的变革。如新媒体时代的新业态，网络直播、互联网金融等新业态，形成了越来越多的新商业模式，对传统人才的知识结构带来了挑战，故而以"互联网＋"为代表的新型工作，往往需要多种能力。研究表明，2016 年掌握三项以上技能的人才对企业的吸引力是 10% 左右，而 2017 年掌握三项以上技能的人才对企业的吸引力明显增强，高达 30%。以往传统的电视从业者只需掌握采、写、编基础的能力，但媒介融合的背景下，这些技能已然不够，从业者还需要掌握网络技术、数据分析、网络编辑及网络修图等多种技能。对复合型人才的需求，进而也要求电视媒体不仅要积极培养电视媒体人的基本素养和技能，还要让媒体工作者能掌握多种新媒体技术，打造适合媒介融合的复合型人才队伍。国家新闻出版广电总局提出的意见是：要坚持政治家办台办网，在关键岗位、核心岗位培养政治坚定、业务精湛与作风优良的专业人才；加强新型媒体内容生产人才、技术研发人才、资本运作人才和经营管理人才的培养引进，优化人才结构；加强全媒型、融合型与专家型媒体人才培训，造就一批拔尖创新人才，推动人才在广播电视媒体与新媒体平台之间合理流动，激发人才创新活力。

第三节 电视媒体讲好故事的叙事策略初探

"讲好中国故事，传播好中国声音"是近年来媒体经常提到的一句话。习近平总书记在党的十九大报告中指出，要"加强中外人文交流，以我为主、兼收并蓄。推进国际传播能力建设，讲好中国故事，展示真实、立体、全面的中国，提高国家文化软实力"。习近平总书记的讲话对讲好中国故事提出了要求，即在对外报道中，媒体要展示真实的中国、立体的中国、全面的中国，而不是片面的，也不是静态的，更不是虚假的中国形象。目前，我国正处于高速发展的阶段，作为主流的电视媒体要在对外报道中树立正面的国家形象，其中讲好故事是最重要的途径。"讲好中国故事"有重大的意义和深刻的内涵，一是"讲，好故事"；二是"讲好，故事"。首先"讲，好故事"，即选择什么样的故事来讲给受众听，什么样的故事是好故事，真实的、立体的、全面的故事怎样理解；其次"讲好，故事"，即如何讲好故事，用什么样的方式，以及什么样的叙事策略来使故事讲得动听，讲得人爱听、想听，听了能使人容易接受。以上便是本节要探讨的几个问题：第一，为什么要讲好故事；第二，选择什么样的故事来讲；第三，用什么样的叙事策略来讲。

一、"讲好中国故事"的重大意义

中国的发展，世界有目共睹。中国目前已经是经济大国，取得了非凡的成就，成为拉动全球经济的火车头，中国的高铁、支付宝、网购与共享单车等"四大发明"令世界瞩目。中国在国际上扮演着越来越重要的角色，体现了一个大国的担当。中国提出"一带一路"倡议，发起并组建亚洲基础设施投资银行，设立丝路基金等，中国不仅发展了自己，还为世界工业化进程和全球经济金融稳定做出积极贡献。中国既是世界工厂，产品畅销全球，也是世界超市，是世界上最具规模和最具吸引力的消费市场。世界其他国家和经济的发展越来越依赖于中国，中国经济保持高增长率对于世界其他国家至关重要。自 2008 年世界经济危机爆发以来，中国已经成为全球经济的发动机。可以预见，未来中国在世界经济中所占比重会越来越大，在国际上的话语权会不断增强；同时，中国所倡导的平等对话和共同发展，获得众多国家的支持，在世界领域中受到越来越多的认同。党的十九大报告指出，中国社会主要矛盾已经转化为人民日益增长的美好生活需要和不平衡不充分的发展之间的矛盾，这充分表明中国领导人已经明确下一个阶段的发展方向，即将人民群众的实际需求作为政府引领经济发展的重要方向。无论在政治还是经济方面，中国的稳定发展将为世界稳定与和平带来积极因素，世界需要一个发展的中国，中国也需要一个稳定的世界，中国所坚持的原则将会被越来越多的国家所接受，中国的国际地位也会越来越高①。

与经济、政治、外交相对应的是文化。党的十九大报告指出，文化是一个国家、一个民族的灵魂，文化兴则国运兴，文化强则民族强。习近平总书记提出的"四个自信"分别是道路自信、制度自信、理论自信和文化自信。中国在和平崛起的过程中，最重要的是要坚持文化自信。故宫博物馆前馆长单霁翔说，文化自信是一个国家、一个民族发展中，最基本、最深沉和最持久的力量，当我们的文化机构拥有自信的时候，我们就能讲好中国故事，我们就能展示自己的魅力，就能使世界各国的人民共同受益，这就是我们的责任。与此相反，如果我们缺乏文化自信，不知道我们有什么样的文化财富、精神力量，而一味地追捧外国文化，那我们的文化就支撑不起泱泱大国的快速发展。文化自信是支撑中华民族走向伟大复兴的关键②。

总之，坚持讲好中国故事、传播好中国声音，是我国在对外宣传工作中的根本原则，是作为一个大国的需求。新闻媒体要向世界展示真实、立体和全面的中国，提高国家软实力和中华文化影响力，让世界更好了解中国。坚持讲好中国故事，就是要讲好中国共产党治国理政的故事，充分展示中国共产党是中国人民和中华民族的主心骨，讲好中国人民奋斗圆梦的故事，讲好中国共产党坚持以人民为中心的故事；坚持讲好中国故事，就是要讲好中国坚持和平发展合作共赢的故事，讲好构建人类命运共同体的故事，展示中国为世界所做的贡献，让世界知道中国

---

① 赵嘉政. 中国的国际地位必将越来越高［N］. 光明日报, 2017 – 10 – 24.
② 单霁翔. 文化自信是最基本最深沉最持久的力量［EB/OL］. 人民网, 2017 – 11 – 19.

高举和平、发展、合作、共赢的大旗；同时讲好中国故事，就是要展示中华优秀传统文化的精神标志和文化精髓。中华优秀传统文化是中华民族的文化之根，其蕴含的人文精神、道德规范不仅是中国人民精神的内核，对解决人类发展存在的问题也有重要价值。中华民族优秀传统文化遗产是我们讲好中国故事、传播好中国声音的突出优势，只有把优秀传统文化的精神标识提炼、传递出来，把优秀传统文化中具有当代价值、世界意义的文化精髓，传递出来、展现出来，才能不断提高中华文化的影响力。

讲好中国故事具有伟大的时代意义，讲好新时代中国故事是电视媒体的根本任务，是电视媒体人的职责所在，是电视媒体的成功之本，也是电视媒体的责任担当。电视媒体是党和人民的耳目喉舌，能满足人民对美好生活的向往就是电视媒体人的奋斗目标。

二、电视媒体应选择什么样的故事

讲好中国故事的前提是选好中国故事，在中国宽广的土地上，每天都有许多故事在发生着，那么应选择什么样的故事来讲呢？好的中国故事应该体现中华民族的气质，体现中华儿女的精神以及与世界文明相对接的故事。中华文明上下五千年，有很多传承下来的中国好故事。近现代以来在西方列强的侵略下，在清政府的压迫下，中华儿女书写了很多可歌可泣的好故事；改革开放以来，在中国共产党的领导下，中国人民也展现了很多波澜壮阔的好故事。中国好故事就是展现中国人民智慧、中国正能量的故事。

中央电视台《新闻联播》曾播出了一条令人动容的新闻：6秒的团聚。军嫂李佳妮的丈夫梁培峰是一名武警战士，长年驻扎在甘肃武威，守护乌鞘岭铁路隧道，入伍 15 年从未回家过年过。2015 年，农历腊月二十七李佳妮围着丈夫送她的红丝巾，带着孩子从兰州出发回玉门老家，她特意选择了白天的车次，这样列车在途经丈夫站岗的乌鞘岭铁路隧道口时，丈夫能远远看他们一眼。这一眼，便代表这一年的团聚。虽然他们的团聚只有短短 6 秒，但梁培峰看到列车窗外飘着的红丝巾时，高兴得像个孩子。李佳妮曾带着孩子去哨所探望梁培峰，由于儿子年龄小，海拔 3000 米的哨所让孩子上吐下泻，因此这几年她再没有去探亲。李佳妮告诉记者，春节期间正是部队最需要梁培峰的时候，他们只能用这种方式多看彼此一眼。虽然他们认识已经 11 年了，但真正相处的时间只有 400 多天，她的心愿是拍一张三口之家的全家福。这则故事虽然是一家三口只有短短的几分钟团聚的故事，却展示了在春节团聚的背后凝聚着多少人的付出。

2008 年，汶川大地震中，一名记者讲述了这样一个故事，一位父亲前来认领女儿的遗体。在现场，这位父亲没有痛哭，也没有埋怨，他把尸体绑在带来的木板上，背上肩就往家里走。原本 40 分钟的车程，他足足走了 13 个小时。一路走走停停，哭哭笑笑，他说要把一肚子的酸甜苦辣都讲给女儿听。弯弯的山路，父女俩的背影，仿佛在诉说着人间无尽的沧桑。

高秉涵，台湾律师，故乡祖籍山东菏泽，2012 年被评为感动中国十大人物之一。他是一名老兵，他的一生，凝聚了所有台湾老兵的坎坷和艰辛。在战乱年代，他 13 岁离开家乡，历经九死一生辗转到达台湾后，流落台北街头成为孤儿，后几经周折考上了台湾国防管理学院法律系。两岸开放后，他奔波于大陆和台湾之间，义务为台湾老兵寻亲提供服务。20 多年间，他先后抱回了 54 个老兵的骨灰，帮助他们完成回到大陆怀抱的遗愿。他曾说："深夜没有痛哭过的人，不足以谈人生。"多少个夜晚他曾因思念母亲、思念家乡，长歌当哭，但对于大时代他没有恨，只有深深的眷恋。感动中国委员会给高秉涵的颁奖词是："海峡浅浅，明月弯弯。一封家书，一张船票，一生的思念。相隔倍觉离乱苦，近乡更知故土甜。少小离家，如今你又回来了，双手颤抖，你捧着的不是老兵的遗骨，一坛又一坛，都是满满的乡愁。"

山岛位于我国黄海前哨，面积仅 0.013 平方公里，岛上无电无淡水，野草丛生，海风呼啸，人迹罕至。属江苏省管辖，是一个国防战略岛。王继才、王仕花夫妇从 1986 年起到 2018 年，为国守岛 32 年。每天清晨，两人扛旗到后山，王继才升旗、王仕花敬礼。有人问王继才为什么要天天升旗，王继才指着东边说："当年日本人侵略连云港，就是在开山岛歇的脚，如果当时我们有人在，那日本人就上不来。"这个岛离最近的海岸还有 12 海里，面积只有两个足球场大，没有淡水，没有电，没有网络，也没有手机。夫妻俩每天重复着同样的日子，每年仅收入 3000 多块钱。28 年间夫妻俩用坏了 170 多面国旗，听坏了 19 台收音机有时听广播听到激动的地方，两人就在树上刻字，如"今天是祖国生日""钓鱼岛是中国的"。王继才大女儿结婚的时候，化了五次妆都被泪水打湿，父母都迟迟没有来。进礼堂的时候，姑娘一步三回头，说："我走得慢点，或许爸妈就能赶上了。"可这个时候，王继才夫妇仍在岛上望着台风肆虐的大海，无可奈何。"可这就是职责。"王继才说，"家就是岛，岛就是国，守岛就是卫国"。

习近平总书记是讲好中国故事的代表人物，他曾经讲述了在 30 多年前帮助一对美国夫妇寻访中国故地的故事，这个故事让中美两国人民都非常感动。1992 年，习近平总书记时任福州市委书记，他在《人民日报》上看到一篇《啊，鼓岭》的文章。文章讲述了一对美国夫妇对中国福建一个叫鼓岭地方的眷恋和向往，渴望故地重游，但未能如愿的故事。加德纳是文章的主人公，他生前是美国加州大学的教授，曾在1901年随父母来到中国福州度过了一段欢乐的童年时光，10年后他随父母迁回了美国加州，但福建鼓岭给他留下了一生难忘的印象，以至在后来的几十年里，加德纳一直想故地重游，可他一直到去世也未能如愿。习近平在看到这个报道后深受感动，他当即指示市外办邀请加德纳夫人访问鼓岭。加德纳夫人来到鼓岭后欣喜不已，表示要把这份情谊传承下去。

以上的几个中国好故事有小家的，有大家的。小家大国，"家是最小国，国是千万家"，守望家国，心系家国天下，这些都是中国好故事的典范。

三、电视媒体讲好中国故事的叙事策略

向世界讲好中国故事，传播好中国声音，就要把握大局，具体对象具体分析，进行精准传播。要将中国故事讲得精彩、讲得鲜活与生动，要充满感情地去讲，让国际友人能听得懂、可理解和可借鉴。针对国际重大事件，积极进行内容策划，报道既要有理论高度，又要有感情、有温度。另外，由于中西方文化差异，对外讲中国故事时，要以我为主去讲，用中国理论阐释中国问题，用中国话语解读中国故事。在对外传播中，用符合外国观众的思维去构建新的话语体系同时可以综合运用多种融媒体进行可读化、可视化、移动化与社交化的传播，并在传播的过程中，选择恰当的时机、选择符合外国受众的新闻题材以提高传播的有效度。加强与国外主流媒体的合作，将自己讲和通过别人讲结合起来，提

高对外传播的水平。

只有好的故事才能在传播中长久流传。由此，在新媒体发展迅速的大背景下，电视媒体的以单向传播为主的模式如何突破，如何才能将优质传播内容成功有效地传达给受众，有以下两点可以借鉴。

（一）进行全媒体传播

在媒介融合时代，传统的电视媒体要积极与新媒体融合，多渠道传播才能将好故事流传。《欢乐中国人》是中央电视台推出的一档真人秀综艺节目，该节目是原生态的接地气的素人真人秀，这些素人将接近生活的民间小幽默展现给观众，同时节目融入竞技类节目的刺激感，也增强了真人秀节目的故事感。这档节目不仅是真正意义上的素人喜剧节目，还首创家庭参与的节目模式。节目中，近百组家庭把生活中最真实的欢乐故事表演给观众，观众可以看到家如何成为一个家、家庭成员如何凝聚在一起，品位中国家庭的幸福欢乐，进而展现中国家庭的良好家风。此外，节目还开通了"CCTV 欢乐中国人"微信公众号，其中特色在于节目为每一个讲述的故事制作了一个专门的二维码，观众只需要扫描二维码，就可以阅读整个故事内容。节目组还将故事推荐人如撒贝宁、斯琴高娃与李晨等明星的头像镶嵌在二维码中间，通过明星效应号召观众扫描二维码传播中国故事，使整个节目进行二次传播，并取得了不错的效果。其中，《歌声中的女兵》《五代辛勤劳动只为兑现一句承诺父子，六年不见完成愚公穿山》《航渡大西洋》《三个人的玉麦乡》这些标题为我们展现了一个个温暖人心的中国故事之旅，而且符合新媒体的传播特征①。节目播出后微信公众号文章的阅读量突破 10 万，节

---

① 贺艳.《欢乐中国人》叙事艺术研究［J］.中国广播电视学刊，2017（7）.

目相关微博话题累计阅读量达 17.3 亿，官方微信推文整体阅读量超过 2450 万。这些温暖人心的故事获得了《人民日报》《新华社》等 40 多家主流媒体的集体点赞。

（二）进行新闻化的传播

例如，《欢乐中国人》的故事都来源于真实的生活，由于极具感染力，在电视媒体播出后，通过各大网站和社交媒体的转发迅速地成为热门话题和热门新闻，最终通过媒体的强势宣传转变为新闻话题。《欢乐中国人》中有一个极具时代感的北大学子宋玺，不爱红装，携笔从戎。2015 年，宋玺前往南海新兵训练基地，在考核后以优秀成绩成为一名侦查队队员。2016 年年底，在远航的中国第 25 批护航编队中，宋玺成为唯一一名 90 后陆战队队员，远赴亚丁湾、索马里执行护航任务，她随护航编队执行了顺访任务，并代表舰队参与了开放日引导、对外文化交流等活动，凭借干练的作风、浓厚的艺术修养和流利的英文交流展现了大国海军的良好形象。习近平总书记在北京大学考察时，宋玺作为学生代表汇报了自己的求学、当兵经历，获得了习近平总书记的点赞，而且她的事迹在微博上也引起了广大关注。另外，中国国家柔道女队前陪练员刘磊磊"16 年被摔 284 万次的故事"在《欢乐中国人》播出后，引发了媒体的广泛关注。不仅央视新闻开展了专题报道，新媒体也对刘磊磊的事迹进行了广泛的报道。

又如，《经典咏流传》中梁俊的故事也引发了媒体广泛的关注。梁俊是广西到贵州支教的一名老师，在支教期间他尤其重视孩子们的语文教育。梁俊教孩子们基础的诗词文言，同时还将一百多首古诗词谱曲教孩子们进行演唱。在节目中他带着孩子们唱歌歌词中就包含了清代袁枚的《苔》："白日不到处，青春恰自来。苔花如米小，也学牡丹开。"梁俊的故事感动了广大观众，全国政协委员王黎光受他的故事启发，萌生了将美育教育推广到基层和全民的提案。目前，全国已有近 3000 个县，在全国县级文化馆推广诗词吟唱工程，传统文化的普及工作已经在路上了。

自 2016 年起，以中央电视台为代表的电视媒体纷纷进行原创开启讲好中国故事的模式，《中国诗词大会》《见字如面》《朗读者》《国家宝藏》《谢谢了，我的家》《欢乐中国人》等文化类的节目，以新颖的形式、多媒体的传播渠道与深厚的文化底蕴赢得了观众点赞，这些节目将中国的文化自信展现得淋漓尽致，开启了国产原创文化节目的潮流，展现了中国电视引领时代潮流的能力，彰显了中国文化的软实力。

第四节　电视媒体讲好故事的案例分析

电视媒体是党和人民的耳目喉舌，是新时期讲好中国故事的主力军。以下节选了电视媒体的四个作品，其中有获得中国新闻奖的电视节目，有电视新闻节目，还有电视综艺节目。本书将透过这些节目，来分析电视媒体如何讲好中国故事。

一、新媒体背景下《面对面》栏目的创新与发展

《面对面》是中央电视台推出的人物专访节目，成立于 2003 年，至今已有 16 年的历史，已成为中央电视台人物访谈类节目的标杆，产生了巨大的影响力。新媒体发展的背景下，中央电视台新闻频道经过一系列的改革和创新，提出了新闻办台的理念。《面对面》栏目面对新形

势的挑战，响应中央电视台的号召，提出了新闻性、权威性、关注度和影响力新的发展理念。《面对面》栏目提出："我们共同的理想是为变幻中国制作一份打开的人物志，所以，我们以更人文的态度关注社会，以更开放的视角关注中国。"

《面对面》作为人物访谈节目，能在此类节目同质化严重的背景下，保持良好的发展势头，主要有以下几方面原因。

（一）追求栏目选题的重大性

《面对面》的选题非常明确，一是注重新闻的时效性，二是注重选题的重大性。《面对面》是依据央视新闻频道这一大数据平台，从每周发生的新闻事件中挖掘出关注度极高的新闻，并以此为新闻素材，探索出新闻采访的相关视角。这样既利用了央视平台的大数据既整合了新闻资源，又节省了时间。

1. 注重选题的时效性

《面对面》是周播节目，在时效性上并不具有优势，因此栏目组需要在选题策划上面下功夫。《面对面》栏目有自己专门的策划团队，团队抽取了一部分人专门负责新闻选题，从海量的新闻中寻找新闻线索，并收集新闻背景资料，拿出采访方案，整体团队合作有序，实现信息有机整合，提高了栏目的时效性。2017 年 3 月 25 日，上海打捞局在连续奋战 590 天后将韩国"世越号"客轮成功打捞起浮，由于打捞难度大，这在世界打捞史上创造了奇迹，同时也在社会上引起很大反响。2017 年 4 月 2 日，《面对面》及时采访了此次打捞工作的总负责人上海打捞局局长洪冲，通过他生动的描述，展现了中国的实力和国力。此次采访由于时效性强，采访人士权威，使节目成为独家专访。

2. 注重选题的重大性

选题的重大性是《面对面》栏目一个最重要的标志，这与栏目秉承的理念影响力、推动力不谋而合，通过人物专访，传达核心主流价值观，符合中央电视台的传播理念。例如，2017年是香港回归20周年，《面对面》便专题策划了系列特别节目"见证者说"，节目共做了七集，采访了七位嘉宾，有董建华、霍震霆、张明敏等知名人士。由于这些嘉宾人物的命运与香港的时代变迁紧密相连，且其为香港的发展做出了突出的贡献，通过这些人物专访可以展现香港社会的缩影。因此，此次节目的策划选题重大，非常成功。

《面对面》的选题主要把握两点。首先，它关注的都是一周内重大的新闻事件，选题新鲜且重大；其次，这些新闻事件同时是社会舆论关注的热点，即栏目选择的新闻话题既有热度又能反映大局。

（二）追求人物选择的高度

《面对面》栏目在人物的选择上注重人物的影响力和新闻性。《面对面》秉持新闻性、权威性、关注度与影响力的诉求，通过面对面的交流、心与心的碰撞，用对话记录历史，用人物解读新闻。栏目的嘉宾人物都是"重量级"的，他们中有新闻事件的焦点人物，有新闻话题中的权威人物，有时代变革中的风云人物，还有备受关注的公众人物。一方面，因为他们非凡的影响力《面对面》邀请他们作为节目嘉宾，但另一方面，《面对面》也让他们更加有影响力。栏目组通常选取新闻事件的当事人或者与新闻事件密切相关的人物进行采访，听取他们对新闻事件的理解和感受，使观众更好地了解新闻事件，挖掘新闻背后的新闻。总之，这些人物都与新闻事件紧密相连，他们的发言、对话也能彰显栏目的价值。

根据 2017 年 1 月—7 月的采访嘉宾显示,《面对面》栏目组选择的采访嘉宾主要分为以下五种类型。

1. 焦点人物

焦点人物是新闻事件的当事人,也是新闻事件中的关键人物;是人们关注的对象,也是栏目组优先考虑的采访对象。焦点人物不仅被大众所追寻,作为新闻事件的核心,其也为采访者提供了采访的契机。2017年 3 月 26 日,林郑月娥在香港特区第五任行政长官选举中胜出,使她成为香港首位女性行政长官,也使她成为公众关注的焦点。2017 年 7月 1 日,香港回归 20 周年,《面对面》采访了林郑月娥。作为香港史上迄今唯一的女性行政长官,她的成长道路是什么样的;在做行政长官之前,她是否参与过香港公共事务的处理;未来她如何规划自己的职业生涯,是否能带领香港走向美好的明天等,这些问题让林郑月娥成为备受关注的焦点人物,而这样的人物也成为栏目首选的对象。

2. 权威人士

所谓的权威人士,是指在某一领域处于领先地位,且在该领域有解释权,能得到同领域大多数人认可的人。由于在一些备受关注的社会重大新闻事件中,需要采访一些权威人士对相关问题进行阐述,以消除社会不稳定因素,正确引导舆论。故而,也是《面对面》栏目重要的选择对象。2016 年年底,备受关注的聂树斌被改判无罪,引发社会热议。在 2017 年 3 月份全国人大会议召开之际,《面对面》采访了最高人民法院审判委员会专职委员、聂树斌案合议庭的审判长胡云腾,针对此案记者提问了受众关注的问题:"聂树斌案为什么会再审?""冤案错案谁该负责,仅仅归为时代的原因合适吗?""如何保证冤案错案不再发生?""新一轮的司法如何进行改革?"等。这些备受社会大众关注的问题,通过权威人士的回答，在节目播出后引起了广泛的关注。

3. 风云人物

风云人物，是指在时代发展的浪潮中活跃一时，能影响大局的人士。权威人士、焦点人物与新闻事件紧密相连，但风云人物不处于新闻事件中，但他们对社会的贡献较大。这类人物是《面对面》一直以来报道的重点，对这类人物的专访都紧扣时代脉搏，通过人物故事来展现人物特点和时代变迁。马云是阿里巴巴的创始人，2017 年 1 月，他参加了达沃斯世界经济论坛在这期间发表了演讲并会见了美国总统特朗普，影响力巨大。2017 年 1 月 22 日，《面对面》便采访了马云，并提问了相关经济问题，如"中国作为世界第二大经济体，如何面临全球化的挑战？""中小企业如何融入全球化的浪潮？"等。马云作为达沃斯论坛的青年领袖人物、全球经济人物和社会风云人物，对他进行采访无疑是最佳的选择。

4. 公众人物

《面对面》所采访的公众人物并非是娱乐圈的明星人物，而是新闻背景下的公众人物。这取决于两个因素：一个是与新闻话题紧密相连，另一个是公共性。2017 年央视主持人董卿创办了《朗读者》，该节目一跃成为当年的热搜节目，董卿也一度成为话题人物。为什么董卿突然要做制片人创办这个节目，作为制片人的她是如何克服种种困难把《朗读者》搬上荧屏的，董卿成长于什么样的家庭，她是如何处理工作和家庭的矛盾，等等，《面对面》对董卿的采访给出了答案，使观众了解了荧屏后的董卿。

5. 普通人物

普通人物身上也有不普通的事情，普通人物身上的故事也有很强的新闻价值。综观 2017 年 1—7 月，《面对面》所采访的普通人，有跨国寻母的黎远康，有多次无偿捐献罕见的"熊猫血"感动了中国人民的"中哈友谊使者"鲁斯兰，有全世界首位获得中医针灸博士学位的洋医生迪亚拉，还有执子之手共生死的感动全国网友的宁波九旬夫妇等，这些人物虽然是普通人物，但他们身上的故事使他们成为人们关注的对象，这类人物也是《面对面》栏目不可忽视的选择对象。

（三）追求栏目艺术表现力

访谈的艺术性就是栏目不仅定位要准，而且还要吸引人，让观众喜欢看。《面对面》每期的人物访谈 45 分钟，时间较长，为了提高节目的可看性，栏目组主要采取了以下几点措施。

1. 融入新闻事件背景，到新闻现场做真实记录

《面对面》主要是一对一的访谈，如果节目仅仅局限于一对一的对话也会显得节目单一、枯燥，因此节目大都插入了新闻背景画面，这样不仅可以扩大信息量，也有助于提高节目的感染力。同时，节目中主持人到新闻现场去采访，真实地记录人物的事迹，不仅使节目在形式上更加活泼，也使观众有很强的代入感，从而增强了节目的可看性。例如，2017 年 6 月 18 日，《面对面》采访了驻香港部队某旅特种作战部队一连的女兵，这支特战部队被习近平总书记授予了"香港驻军模范特战连"的荣誉称号，为了真实地记录特战部队的工作情景，《面对面》的记者来到了女兵所在的部队，用大量真实的纪实镜头记录了她们训练的情景，表现她们如何克服生理与心理上的困难，向香港市民展示了中国女兵的力量。节目播出后得到了广大观众的肯定。用真实镜头去记录的方式使节目变得更加真实、更加立体，同时也增加了节目的可看性。

2. 质疑发问，抵达真相

《面对面》共三位主持人，分别是董倩、王宁与古兵，她们的形象得体、大方，能灵活运用各种采访技巧展开提问，同时他们在采访的过程中都善于运用质疑这一采访方式。质疑是新闻采访中经常使用的一种采访方式，也是《面对面》栏目的特色。质疑发问是为了得到事情的真相，而不是为了质疑而质疑。通过质疑，进而释疑解惑，使采访成功抵达事件的最深处。2017 年 6 月，微信公众号上发表了一篇《一位甘肃高分考生的请求》的文章，这是一封以考生魏祥的名义写给清华大学的求助信，清华大学招生办随后用公众号回复了一篇文章《致考生魏祥：人生实苦，但请你足够相信》，并在文章中表示会帮助魏祥完成求学之路。文章发出后被广泛转载，一时间成为网络热词，但质疑声也随之而来。2017 年 7 月，《面对面栏目在》节目《魏祥：清华来信》中，主持人将网络上的质疑巧妙地融入采访，就这封信是否为魏祥本人所写，如果没有这封信清华大学是否会录取魏祥等，引导魏祥母子与清华大学针对网友质疑一一做了回答，很好地解释了网友的疑问。

3. 后期编辑中注重表达方式

（1）在节目片头通过设置悬念吸引观众注意力。《面对面》在每期节目开始之前，通常有一个不到一分钟的片头。节目的片头相当于新闻的导语段，导语就是要介绍梗概，抓住受众的注意力，因此片头能否抓住观众的注意力至关重要，它决定着观众是否会继续观看后面的整期节目。《面对面》节目的片头精选了当期节目最吸引人的部分，并通过巧妙的设置悬念，使观众有继续寻找答案的欲望。例如，2015 年 7 月 26 日，《面对面》采访了靖江市心内科专家胡万斌。胡万斌是一名医生，在一次手术中，他突发重病，紧急情况下，他先给自己先后注射了两支缓解自己症状的药物，坚持把病人手术成功做完。然而，病人的手术完成后，他却面临生命危险，昏迷了三天。胡万斌坚持的背后除了职业道德，还在恪守的是什么呢？片头在紧张的气氛中设置了很好的悬念，以吸引人看下去。事实上，在片头设置悬念已成为《面对面》经常使用的表达手法之一。

（2）在编辑时充分利用解说词。电视解说词是新闻语言的一种，是电视节目制作中很重要的一种表现手法，它在节目中起着介绍新闻背景、起承转接的作用。2012年，莫言获得诺贝尔文学奖后，《面对面》对他进行了专访，节目运用了大量的解说词，与新闻画面相结合，介绍了莫言成长经历与创作历程，并利用解说词承上启下连接起整个片子。

（3）用故事化的叙事方式吸引人。故事化的叙事方式就是通过讲解故事中的情节吸引观众。故事化的叙事方式包括生动的人物形象、冲突的故事情节等。它不仅使观众获得新闻事实，还伴有强烈的冲突性和震撼力，而新闻事件的主角也往往是一个勇敢的英雄式的人物。2016年，成都"6.16专案"中一名女毒贩劫持了8名人质，成都市公安局特警李建华在千钧一发的时刻制服了女毒贩。2017年5月，李建华被公安部授予"我心中的警察英雄"称号。2017年6月4日，《面对面》栏目专访了李建华。在采访中通过主持人的引导，李建华用故事化的表达给观众再现了当时激烈的战斗场面，从而使整期节目观看性很强。

人物访谈节目都有兴有衰，但《面对面》栏目能在前期的选题策划、新闻人物的选择上下功夫，并在后期的编辑制作中提高节目的艺术表现力，这正是栏目能焕然一新、持久发展的原因。

二、小切口展现大主题——评第 27 届中国新闻奖一等奖作品《中国笔王贝发小笔尖大制造，杭州 G20 峰会元首笔撬动高端市场》

"文章合为时而著。"《中国笔王贝发小笔尖大制造，杭州 G20 峰会元首笔撬动高端市场》是一篇紧扣时代主题，立意高远的电视新闻作品。该作品挖掘了新闻背景，用事实说话，用画面说话，从"中国好笔"这一小角度展现了"中国制造"这一大时代主题，为振兴我国实体经济提供了参照和启发。

在第 27 届中国新闻奖的评选中，由宁波广播集团创作的《中国笔王贝发小笔尖大制造，杭州 G20 峰会元首笔撬动高端市场》获得电视消息类一等奖，这是一件题材重大、立意深远、视角独特、结构巧妙又能彰显电视新闻媒介特征的时代佳作。

（一）主题重大，立意深远

主题是新闻报道的中心思想，在新闻中发挥主导作用。一篇新闻报道主题是否重大往往决定了新闻报道质量的高低。电视消息《中国笔王贝发小笔尖大制造，杭州 G20 峰会元首笔撬动高端市场》仅用 3 分59 秒，便传达了重大的主题、展现了深远的立题。

现代制造业是立国之本、强国之基和转型之要。2015 年 6 月，李克强总理在世界经济论坛上提出问题："中国制造的笔什么时候能做到像外国制造的笔一样书写流畅？"一支圆珠笔为何能引起总理的关注？原来，由于掌握不了不锈钢笔尖和油墨制造的高尖技术，我国制笔企业发展有限，受制于外国企业，只能代替外企生产低端产品以赚取微利。总理之问，问出了中国制造的软肋，也引起了贝发集团老总邱智铭的沉思和求索。此后，邱智铭带领贝发集团加快了高端笔尖和高端油墨的研制步伐。2016 年，贝发集团精心打造的"元首笔"终于在杭州 G20 峰会亮相，此笔荣获中国设计奖最高奖"红星奖特别奖"。这是贝发制造"中国好笔"的重要一步，也奠定了它在中国制笔行业的地位。

反映国家大势，是新闻媒体和记者的职责，这也要求记者时刻对国家改革发展热点保持高度关注力。该新闻片主创宁波电视台记者廖建斌、陈旭等对贝发集团敢为时代先、不畏困难地打造中国好笔的精神所打动，在获知贝发在短时间内销售 15 万支"中国好笔"并获得消费者认可的消息时，就立即前往贝发集团，采访了集团董事长、研发测试人员和车间工作人员，呈现了贝发集团 G20 元首笔从笔芯、墨水、制作工艺和设计上全部实现中国造的过程，在此基础上，创作出了该作品。

该作品播出后，引发了广泛的关注。中央电视台、新华社等全国性的媒体也相继报道了贝发集团制造的"中国好笔"，提升了"中国好笔"的知名度和影响力，为今后中国其他制造行业的发展提供了借鉴，同时也践行了习近平总书记提出的中国制造业"三转变"要求。

（二）角度新颖，结构巧妙

新闻角度是记者表现事实的切入口。不同的新闻角度可以表现不同的新闻价值，角度选择的好，不仅新闻价值倍增，有时还可以出独家新闻。当下新闻报道竞争愈加激烈，观众更多的关注在于谁家的新闻更与众不同、更有有新意，所以新闻媒体要做到"人无我有""人有我优"，也就是要有新闻独家性。电视消息《中国笔王贝发小笔尖大制造，杭州 G20 峰会元首笔撬动高端市场》就是独家一篇新闻。杭州 G20 峰会是一场国际级别的经济盛会，在峰会上绝大多数的新闻报道聚焦的是峰会本身，但该报道独树一帜，将目光投向峰会所带来的效应，以贝发集团制造的"中国好笔"作为关注点，既回答了李克强总理对中国好笔的提问，也成就了贝发集团在中国制造业的探索，同时彰显了峰会所带来的品牌效应和拉动效应。这篇电视消息能获得电视类最高奖的一个重要原因是其结构巧妙，即选择小角度表现大主题。新闻报道选好一个小角度，能像钉钉子一样，入口小，钻得深。报道以贝发制造的"中国好笔"这一"小事件"为切入口，串起"杭州 G20 峰会""总理之问"等大事件，说明了杭州 G20 峰会不仅是一场级别最高的国际峰会，更是一个给我国制造业提供改革、发展机遇的盛会。报道把一家制笔企业的命运与国家制造业的振兴紧密联系起来，展现了中国制造的新力量，起到了"一滴水见太阳"的典型效果。

（三）声画并茂，传播到位

甘惜分在《新闻学大辞典》中提到，电视媒体以声音和图像相结合的方式迅速地进行信息的传播，纪实性强，有现场感，影响面大，有感染力①。这篇报道运用了同期声、解说词、画面、动画图表等多种电视媒介符号进行传播，声画一体，传播到位。

1. 同期声带来较强的感染力

尽管一张新闻图片比一千个字的语言更有吸引力，但所有电视节目内容靠声音来体现的。在电视报道中，如果只有图像而没有相应的音响，图像的现实性和感染力就会下降。

《中国笔王贝发小笔尖大制造，杭州 G20 峰会元首笔撬动高端市场》中多处使用了同期声。如在报道中穿插了一段央视背景资料的同期声，当主持人提出总理之问时，贝发集团总裁邱智铭回答："制造好笔的难度相当于制造一架大飞机一样，有价值的笔一支产品利润可以抵得上一台空调。"主持人十分惊讶："啊，你们的利润这么高啊！"邱智

---

① 甘惜分. 新闻学大辞典［M］. 河南：河南人民出版社，1993：215.

铭回答："便宜的笔一支却仅赚几厘钱。"① 此处的同期声通过问答的话语不仅增强了节目的感染力，渲染了节目的气氛，而且通过一支笔价钱的对比强化了制造中国好笔的意义，增强了新闻的厚度，这是仅用电视画面难以表达的效果。再如，邱智铭说："我觉得这支笔打破了中国好笔一定要追求万宝龙、派克，我觉得中国自己能够生产出好产品，我们提前实现了中国好笔贝发造的一个情怀。"这段同期声不仅表达了邱智铭作为中国好笔领头人的欣慰，也将中国好笔的制造上升到家国情怀的高度，其在表达节目主题、展现贝发集团事迹方面发挥了无可替代的作用。

2. 解说词与同期声配合良好，起到了好的传播效果

第一，本篇新闻报道的声音构成只包括人声，即同期声和解说词。从结构上可以看出，同期声和解说词相互穿插，打破了电视新闻配音加画面的生硬面孔，使整个片子不仅在形式上更加活泼，而且十分简洁明快。第二，解说词与同期声的后期剪辑十分到位。一改过去大部分新闻类节目剪辑同期声时人声同现的毛病，而是在解说词的画面上叠加了同期声。如电视画面还在展现贝发集团工人正在制造中国好笔的场景时，就叠加了车间主任的同期声："从 G20 峰会开始，我们一直没停过，一直在装配（中国好笔）"，几秒后才把镜头切到车间主任身上，这样的剪辑规范得当，画面过渡得十分自然，克服了斧凿的痕迹，为整个节目增添了不少色彩。这也充分说明了创作人员不仅在前期节目策划上下了功夫，在后期剪辑中同样用心。

---

① 廖建斌，闫全，董寅寅，等. 中国笔王贝发小笔尖大带小造、杭州 G20 峰会元首笔撬动高端市场［EB/OL］. 中国记协网，2017 - 06 - 14.

3. 画面拍摄到位

画面是电视最重要的传播符号，此篇报道拍摄的画面内容丰富，自然流畅，制作精良。第一，能充分利用图片动画解决现实中无法拍到的画面。比如，在解说词讲到我国每年生产 300 多亿支圆珠笔的时候，能充分利用电视动画的效果，表现摄像机无法拍到的画面。第二，能将静态的画面拍出动态画面效果。比如，拍圆珠笔时能将静态的圆珠笔拍成了动态的圆珠笔，使呆板的圆珠笔栩栩如生。第三，每个画面都恰如其分地选择了一个比较好的角度进行拍摄，剪辑后的成品所反映的画面，不用解说词观众也能看出画面所要反映的事实，充分说明在前期拍摄中摄影师下了功夫，所拍摄的微、中、宏观画面能相互照应、相互印证。

4. 创造性地使用动画图表

在追求新闻可读性和可视化的大背景下，合理使用图表不仅简洁直观、便于理解，还可以提升报道的传播力和亲和力。如高端圆珠笔所需的笔芯 90% 靠进口，墨水 80% 靠进口，出口圆珠笔每支卖 1.99 美元，贝发集团只赚 0.1 元人民币，贝发集团每年将 30 亿圆珠笔销往 150 多个国家等，在报道中使用动画图表对这些数字加以辅助显示，既避免了数字的枯燥，使观众能够一目了然，又增加了节目的趣味性，体现了电视新闻传播的优势。

（四）标题醒目，导语简明

新闻标题是打开新闻的窗口。标题不仅向读者揭示新闻报道的主要内容，还能用生动优美的形式吸引读者收看新闻。本篇电视新闻以《中国笔王贝发小笔尖大制造，杭州 G20 峰会元首笔撬动高端市场》作为标题，第一，对仗式标题言简意赅，一目了然，高度概括了贝发集团小小笔尖却实现了中国制造的大情怀，同时传达了重要信息—它制造的元首笔亮相杭州 G20 峰会；第二，一"小"一"大"貌似形成了对比，实则是小切口展现大主题，也是这篇作品的亮点之一；第三，标题中使用了一个比喻"撬动"，生动形象地呈现了中国笔王贝发制造的实力。

美国新闻学者曼切尔说："新闻写作中的第一步也是最重要的一步就是写好新闻导语。"① 导语是新闻的开头部分，导语不仅要开门见山，尽快报告新闻事实，使人"一眼便知"，还要吸引读者，使人"一见钟情"。本篇新闻消息的导语，是主持人的编前话："中国什么时候能够制造出像国外一样的好笔，总理之问刺痛了中国笔王邱智铭，从一元钱一支的圆珠笔到 600 多元一支，贝发集团数十年磨一剑，今年亮相杭州 G20 峰会的元首用笔，核心技术全部中国造。"首先，这段话不到一百字，少而精，开门见山，十分简洁，便将贝发集团制造中国好笔、杭州 G20 峰会等最重要的事实"拎"出来，起到了画龙点睛的效果；其次，这段解说词体现了电视新闻语言传播口语化的特点，电视写作往往"为听而写"，而这段口语化的解说词质朴自然、交流感强，能很好地吸引观众看下去。

总之，这篇电视消息作品，不论是从整体结构的编排，还是从电视传播的特性上，都是一篇值得学习的上乘佳作。

三、文化类节目《谢谢了，我的家》的传播策略分析

2018 年，中文国际频道推出的文化传承类季播节目《谢谢了，我的家》引起了海内外华人群体的热议。节目将清正朴实的家风和简洁大方的节目风格融为一体，似一股"清流＋暖流"，赢得了很好的口

---

① 麦尔文·曼切尔. 新闻报道与写作 [M]. 北京：中国广播电视出版社，1981：18.

碑。以下将用传播学的"5W"模式来探讨这档节目受到欢迎的原因，以期为繁荣社会主义文艺提供借鉴。

《谢谢了，我的家》是中央电视台中文国际频道重点打造的一档面向海内外华人的文化传承类季播节目。节目以"家风"作为基点，以"感恩、传承"为标签，旨在通过对中华家风文化的解读，重塑家的情怀，增强新时代中华民族的文化自信。节目第一季共 13 期，从自 2018 年 1 月 6 日开始播出，于 2018 年 4 月 14 日完美收官。《谢谢了，我的家》自播出以来，不仅在国内引发了广泛讨论，也引起了海外华人群体的情感共振。官方数据显示，节目播放至第 10 期，收看观众已高达 2.55 亿人次。

那么，《谢谢了，我的家》如何成功将"家风"二字破题？如何将传统民族文化精神寄于嘉宾讲述的故事中？本文将用"5W"模式，即传播者是谁、传播内容是什么、通过什么样的传播渠道、传播受众又是谁以及引起了什么样的传播效果来分析这档节目受欢迎的原因。

（一）传播者：精选的嘉宾和专业的主持人

《谢谢了，我的家》自播出以来，似一股"清流＋暖流"，赢得了很好的口碑。整个节目没有刻意的煽情与拔高，而是从细节入手，通过嘉宾讲故事的方式将优秀家风质朴地表达出来，使观众明白这些嘉宾受何种家风氛围的影响，实现自己人生价值，并传承伟大民族精神的。节目之所以受欢迎，除了内容本身吸引人之外，精挑细选的嘉宾以及与节目风格高度契合的优秀主持人也是其成功的重要原因。

《谢谢了，我的家》节目组在节目第一季中，从一百多位候选人中精选了 54 位嘉宾来讲述家风故事。央视中文国际频道总监李欣雁介绍，《谢谢了，我的家》以访谈为基本形态，广邀形形色色的嘉宾人物在访谈中讲述真实的家庭故事，折射华人群体的心灵世界①。在 54 位嘉宾中，大家行业不同、身份背景不同，有及港澳台地区和海外华人代表，他们中不乏取得重大成就做出突出贡献的大家或者他们的后代，以及在艺术界影响广泛的大众名人和闪耀着道德力量带给人们平凡感动的普通人，他们身后所代表的实则是一串具有深刻文化记忆的名字。可以说，《谢谢了，我的家》是家风类节目中涉及嘉宾地域范围最广的一档节目，而在这些嘉宾身上展现的伟大民族精神使节目唱响了时代的主旋律。嘉宾大致可分为四类。第一类嘉宾是名人之后，如节目组邀请了朱德、汪曾祺、丰子恺、陈嘉庚、徐志摩、齐白石、钱学森和任弼时等名人后代来讲述他们的家风故事。这些名人都是中国历史上殿堂级别的人物，他们家族有着什么样的家风是神秘且吸引人的，选择他们的后代来讲述他们家风的故事，无疑是最真实的也是最动人的。第二类嘉宾是在各行各业有一定影响力的杰出人物，如节目组邀请了青年钢琴家吴纯、主持人倪萍、排球运动员赵蕊蕊、设计师范石钟、外交官沙祖康、演员蒋小涵等来讲述他们的家风故事。通过这些嘉宾动情的讲述，使观众明白了没有人能随随便便成功，任何人成功的背后都有一个支持他的伟大家庭和优良的家风传承。等三类嘉宾是"素人"，如节目组邀请了"熊猫奶爸"牟长雨、"优秀警察"张喆、自强不息的残疾人刘大铭和故宫钟表修复师王津等嘉宾，这些普通人身上都带着最平实的情感，闪耀的道德力量，给观众带来意想不到的感悟与力量，质朴的家风同样打动人。第四类嘉宾是港澳台地区和海外的华人代表，如节目组邀请了香港歌唱家苏芮、美籍华人神探李昌钰与数学家丘成桐等，通过他们动情讲

---

① 李欣雁.《谢谢了，我的家》：汲小家智慧展大国情怀［J］. 电视研究，2018（5）.

述家风故事，使观众感受到无论身在何处，华夏民族精神一脉相承，同根同源。中文国际频道面向广大海内外华人观众，选择这些人物做嘉宾，既展现了节目的全球视野，也说明了全球华人有一个共同的民族，共同的家。

2. 主持人的个人魅力

一档节目往往根据节目定位来挑选合适的主持人，主持人的风格会影响到节目的收视率。《谢谢了，我的家》是一档文化类的节目，与其他节目相比，文化类节目对主持人的要求较高。节目组之所以选择敬一丹做主持人，是因为她稳健、知性、亲切与朴实的主持台风与这档节目风格高度契合。敬一丹曾因主持《焦点访谈》《感动中国十大人物》而被观众熟悉，有着丰富主持经验的她，对《谢谢了，我的家》这档节目的理解、认知和把控力都十分到位。首先，对于如何诠释"家风"二字。敬一丹认为，"家风"这个词是个抽象的概念，它不会成为一个家庭的常用词，但是每个小家都有自己的独家故事，有家的独特规矩，这才是值得关注的。在节目里，她使所有嘉宾都回归到家的背景，从而使观众理解大家为什么会成为现在的样子，以及"家"起到什么样的作用，以小见大，成功为"家风"二字破题。其次，在节目主持过程中，敬一丹用心给嘉宾带来平视的目光。敬一丹认为，采访承担着让观众知道的责任，要把嘉宾身上有趣的细节展现出来，当采访一些不怎么有趣的普通嘉宾时，也不用刻意调解氛围，只需要引导嘉宾呈现他们的寻常面貌即可。在她对节目十足的把控力下，整个节目处于一种平和的状态，在与她真诚的对话中，嘉宾们放下包袱，动情地讲述着家风故事。可以说，这档节目的成功与敬一丹的个人魅力主持是分不开的。

（二）传播内容：以家为出发点，体现对家风精神的传承

1. 精准的节目表达

文化类节目与生俱来有一种"高冷"格调，家风问题是老生常谈的旧话题，如何能引起观众心灵的共鸣，这是节目组面临的挑战之一。《谢谢了，我的家》节目组认为，家风虽然是一个充满内涵的概念，但家风里渗透的家教、家规与家训却源于日常生活的点滴。因此节目要把每位嘉宾还原到生活中的真实状态去讲述家的故事，既不用刻意说教，也不用制造泪点，更不用刻意拔高，嘉宾只需要真诚地讲述"家"的那点事，做到"接地气"即可。

来到《谢谢了，我的家》的每一位嘉宾，在节目录制过程中，讲起家族人物故事时，都怀着热情与虔诚，难忘初心，令观众动容。如华人神探李昌钰博士在谈及母亲时数次哽咽。李昌钰先生的父亲突然去世，他的母亲带着 13 个孩子过日子。作为一个母亲，她的坚韧、执着在漫长的岁月里潜移默化地影响着她的孩子们，甚至最后这个母亲创造了一个奇迹，她的 13 个孩子在各自行业里都是佼佼者，都获得自己专业的最高学位。李昌钰博士说，在母亲那儿他永远是小孩子，母亲从早到晚不断告诉他，待人要好，做事要认真，虽然没有钱，但也要干干净净。当他在谈及自己母亲的时候，他的眼神、他的面容，都显得非常柔和，这是他的母亲带给他的。主持人倪萍是一个很有烟火气的女人，她的烟火气很大程度上源于她的姥姥。姥姥是她的血亲，她的知己，她的朋友，对倪萍说，她俩甚至就是一个人。倪萍在现场回忆了姥姥语录，她说之所以能有今天的成就，与姥姥传承的善良、平和、宽容和幽默的家风分不开。著名的孔氏家族第 76 代孙孔德庸，在寄语孔氏家族家训"诗礼传家"时，说"人生在世匆匆忙忙几十年，你之所以可以走得更

远，是因为你始终有家可归"。总之，节目以讲故事的叙事方式入手，以细节为切入点，将优秀家风表现得淋漓尽致。每一位嘉宾真情实感又平实的讲述，形成了巨大的磁场，使人感悟到中华民族优秀家风源于生活，并且能指引生活，是传统而厚重的。

2. 独特而巧妙的节目编排

《谢谢了，我的家》节目舞台设计朴素大方，风格上删繁就简，但节目的许多微小细节却彰显了人情味和厚重感，与访谈内容相得益彰，融为一体。首先，简洁而温馨的舞台设计。在一千多平米的演播室里，一个"时光瓶"、一对简单的沙发、一方"家风博物馆"以及一张张温馨的家庭合影是节目的全部场景，朴实无华却卓尔不凡。这样的设计为访谈营造了轻松自在的氛围，嘉宾在此展开记忆中的家风往事，可以让观众沉浸在家的深层文化氛围里。其次，"时光瓶"、家风博物馆及家风画的设计极为巧妙。在节目一开始，主持人会问一句："打开时光瓶，对你影响最深刻的一句话是什么？"然后有关家的小故事便由此展开，每位嘉宾讲述对自己影响最深的一句话。虽说话往往非常质朴，却将家的味道原原本本的还原。嘉宾在访谈的过程中，一张张温馨的家庭合影出现在节目的布景里，填补着观众对嘉宾所描述画面的想象力。结合嘉宾讲述的生活场景，插画师现场画出一幅充满温情的家风画，使嘉宾最美好的记忆得以升华。当访谈结束时，主持人请嘉宾移步到象征收藏了家庭历史的家风博物馆前，将他对家人的寄语留在时光瓶里，此刻时光瓶里留下了嘉宾对家人最深情的告白。"时光瓶"的创新化表达，不仅仅是一种仪式，它更是信息从横向的传递变为纵向的代际传承，让情感的表达有了一个更体面的载体，符合青年一代的审美标准。最后，节目组还穿插了"说出你的爱"素人表白环节。国人对爱的表达往往比较羞涩，在节目录制现场，参与观众误认为家人不在场的情况下，勇敢说出对家人感激的话。这种大众化的叙事方式，不仅使感恩走进了观众心里，萌生出对家的感激之情，而且照应了节目组以"谢谢"作为编排节目的出发点。

（三）传播渠道：两微一端，多渠道互动

在《谢谢了，我的家》创作之初，主创人员就提出要把节目打造成一场中华民族的集体议程。家风是一个老生常谈的话题，在当下浮躁的环境下，此类节目极易陷入被动，打不开市场。而且，在节目推出之前，屏幕上已经出现了家风类相关节目，但由于传播力度有限，均没有引起很大的反响。由此，《谢谢了，我的家》的主创人员吸取了同类节目的经验教训，寻求更多的融合机会，以进行跨频道及多个终端的节目推介，以通过互联网时代风靡的"微博、微信、短视频"等几大碎片化的信息消费渠道为主战场，增强节目的社交属性，让广大受众可以通过各种渠道了解节目，长尾效应明显。数据显示，《谢谢了，我的家》在家风类节目中收视率稳排第一。在微信上，《谢谢了，我的家》的公众号得到粉丝的积极评论；在微博上，有关《谢谢了，我的家》的相关主话题阅读量上亿。此外，节目组还运用短视频的形式，配合颇具网络感的标题来进行传播，诸如"鲁迅身高一米六""他姓钱，但他不爱钱"等短视频引起网友热议。同时，《谢谢了，我的家》节目组不仅以社交媒体为主要阵地，还尝试了其他的内容分发形式，如节目在喜马拉雅 FM 上推出同步音频节目①。

中华民族自古有家国天下的文化自觉，家庭的前途命运和国家民族

---

① 宾芳.《谢谢了，我的家》传播中国家庭智慧［J］. 电视研究，2019（4）.

的前途命运紧密相连。一辈又一辈的言传身教，一家又一家的立德立言，汇聚成家国历史，雕琢出民族的风骨和神貌。2018 年 6 月，根据《谢谢了，我的家》节目，人民文学出版社出版了同名的图书，该书以 54 个家庭故事为载体，全方位呈现中国家庭教育的精华，展示了中国家风的深厚底蕴。概述共分为"以国为民""矢志不移""谋时而动""言传身教"四部分，通过个体家庭的独特回忆，表现出世代家风的文化传承。该书还增加了古诗文经典，追根溯源中华家风。在技术上，采用了先进的 AR 技术，书中的 108 张图片对应了 800 分钟的视频，读者在阅读的同时可以观看精彩的视频节目。人民文学出版社在全面回顾和学习新时期家风建设相关内容的基础上，深刻意识到每一个家庭、每一种家教中蕴含的社会主义核心价值观，出版这本图书的初衷也是为了传播中华优秀文化，倡导注重家庭、注重家教和注重家风，凸显这些平凡故事中的文化性和教育性，为读者奉上一份经得起时间考验的精神食粮。

（四）传播受众：华夏儿女同根同源的家风文化基因

《谢谢了，我的家》是一档面向全球华人的家风传承节目，在中文国际频道播出，不仅符合频道"高品质""高立意"的定位，而且与该频道面向海内外华人、华侨的受众定位相一致。华人人口比重全球第一，家庭观念在华人精神世界里有重大意义。中文国际频道是中央电视台唯一一个面向全球华人播出的频道，是全球华人互动交流的重要平台，此次中文国际频道深耕于该频道"新闻 + 文化"的特色定位，坚守其"传播华夏文化，服务全球华人"的频道宗旨，以"家风""家教""家训"的"家"为出发点，通过以小见大又饱含深意的解读，唤起海内外华人情感共鸣，成功为中国家风代言。节目自开播以来，收到了来自全国各地及海外观众的热线电话，有的观众想通过节目传达对家人的感激之情，有的观众希望有机会能登上节目舞台和观众分享自己家的故事。可见，《谢谢了，我的家》唤起了观众对家的回归与渴望，使家风文化得以传承。

（五）传播效果：彰显了中华优秀家风文化

《谢谢了，我的家》之所以能取得好的传播效果，不仅源于其精准的节目定位，更是因为它承担起家风文化传承的责任。中央电视台作为国家电视台，要承担起传承优秀文化的重任，引领时代潮流，传播正能量，做时代的排头兵。

"家是最小国，国是千万家。"优良的家风世代相传，最终汇成一个民族的脊梁。党的十八大以来，习近平总书记曾多次谈到"家风"建设。为积极响应新时代号召，落实习总书记的重要指示，顺应注重家庭、家教、家风建设的大时代潮流，中文国际频道推出了彰显家风、家规、家训、家教的节目《谢谢了，我的家》。节目独辟蹊径，不仅为国内市场上大型家风传承类节目的创作打开了缺口，同时成功地将"家风"二字破题，以春风化雨的方式传递了华夏民族优良家风，开拓了文化综艺类节目的新格局，产生了巨大的影响力。

总之，《谢谢了，我的家》这档节目将清正朴实的家风与简洁大方的节目风格融为一体，通过聚焦家风、重塑家风、传承家风，将传统文化价值观念很好地渗透到节目当中，实现了经济效益和社会效益的双丰收，为繁荣社会主义文艺事业做出了贡献。

四、文化综艺类节目《朗读者》的成功之道

《朗读者》是中央电视台于 2017 年 2 月 18 日推出的大型文化情感

类节目，该节目由央视创造传媒有限公司制作，著名主持人董卿首次担任制作人，在中央电视台综合频道与综艺频道黄金时间联合播出。节目的口号是"朗读打动人心"，通过个人成长、情感体验、背景故事与传世佳作相结合的方式，选用精美的文字，用最平实的情感展现文字背后的价值。节目旨在通过优秀文化感染人、鼓舞人和教育人，展现有血有肉的真实人物情感。节目播出后在社会上引起了巨大的反响，受到了观众的一致好评，收视率居高不下，一度引发热搜话题，成为文化类节目的标杆。

（一）温情的主题词和诗意的开场白

《朗读者》是中央电视台推出的一档文化原创类节目，该节目每期都选择一个主题词，节目第一季共 12 期，节目主题词分别是"遇见""陪伴""选择""礼物""第一次""眼泪""告别""勇气""家""味道""那一天""青春"。这些主题词的选择，温情脉脉、容易激起人们的遐想，可以说每一个主题词都使嘉宾和观众联想起许多自己的人生经历。节目主持人董卿围绕着主题词设计了一段开场白，这些开场白也很有诗意。如第三期的主题词"选择"这样开场：我们这期节目的主题词是选择，人的一生，总是要面临多少次的选择，小到今天吃点什么，大到一些关键时刻的抉择。生存还是毁灭，这是一个永恒的选择题，以至于到最后，我们成为什么样的人，可能不在于我们的能力，而在于我们的选择，选择无处不在。面朝大海，春暖花开，是海子的选择；人不是生来被打败的，是海明威的选择；人固有一死，或重于泰山或轻于鸿毛，是司马迁的选择。在"选择"这期节目中，节目组邀请的嘉宾徐静蕾选择了挑战和变化；耶鲁村官秦玥飞选择了希望的田野；红丝带校长郭小平选择了呵护和守望；最让人感动的是麦家，曾经叛逆的他，面对自己同样叛逆的孩子，选择了宽容和理解。选择是一次又一次自我重塑的过程，是不断成长的过程。如果说，人生是一次不断选择的旅程，那么当千帆过尽，最终留下的就是一片属于自己的独一无二的风景。在开场白完成后，主持人董卿和嘉宾进行一段访谈，借助嘉宾真实的人生故事，再配以朗读优美的佳作，最终节目以温情脉脉感染了观众，传递了正能量，引起观众情感上的共鸣和深思。

（二）明星和素人结合的嘉宾阵容

如果说"朗读"说的是文字，那么"者"讲的就是人。节目中的嘉宾既是访谈对象，又是进行朗读的人。节目嘉宾通过讲述自己的人生故事，结合文本朗读传递真情实感，传承思想和信念。节目邀请的嘉宾阵容尤为重要，选择的嘉宾要被观众认同，就要贴近节目的主题定位和价值观。制片人董卿曾考虑采用全明星的嘉宾阵容，但在媒体日益发达的时代，明星已经被过度消费，在这些明星身上已经找不到新鲜的故事再去吸引观众。但节目如果完全选择普通人，节目的热度也会受影响，所以，节目采取的是明星和"素人"相结合的嘉宾阵容。由于普通人身上如果有不普通的故事其便具有新闻价值，而明星身上即便是普通的事情也有新闻价值，所以节目对嘉宾的定位是非常准确的。在节目中，观众看到了熟悉的知名人物，如陆川、斯琴高娃、濮存昕、张梓琳与江疏影等；有名气的作家如麦家、刘震云、曹文轩与张小娴等；时代精英如李宁、杨利伟、郎平与柳传志等；时代的楷模，如许渊冲、乔榛与许镜清等；有着不平凡的经历，如丁一舟、赖敏夫妇、诗人余秀华等。这些形形色色的嘉宾给观众演绎了人生百态，他们身上闪烁着的思想和光芒给观众带来了心灵的洗礼。其中，令人印象最深的是有关翻译家许渊冲的访谈。当时96岁的翻译家许渊冲精神矍铄，讲起人生翻译的故事深情依旧。我们从许渊冲老先生那里看到了对生命的热爱和像孩童般纯真的情感。另外，让人感动的还有陶艳波，一位伟大的母亲，用16年的光阴陪伴自己的儿子杨乃斌，从一点一滴开始教丧失听说能力的儿子。自儿子上学后，陶艳波陪伴儿子上课，记下所有的知识点，回去后又一遍遍讲给儿子听。杨乃斌在现场为他母亲朗读了冰心的《不为什么》："她的爱是不附带任何条件的，唯一的理由是，就是我是她的孩子。"质朴的话语打动了无数观众的心，饱含了一个孩子对母亲深沉而真诚的爱意。

（三）主持人的个人魅力

2017年《朗读者》节目在央视的黄金时段首播，董卿担任节目主持人与制作人。节目播出后，董卿一度成为热门人物，她凭自己的博学多才和稳健的台风获得了观众的一致好评。《中国诗词大会》让观众看到了董卿深厚的文学素养，而2018年董卿主编的图书《朗读者》销量更突破120万册，成为中国图书的年度畅销书。超高的发行量震惊了许多出版公司，这也是《朗读者》节目引发的效应。

总之，在当下快节奏的生活中，一档文化类节目能取得如此的成果实属不易，这档节目的成功与主持人兼制作人董卿的努力分不开，也是制作公司匠心打造的结果，不管是节目的灯光、气氛、布置，还是节目嘉宾的选择都是非常成功的。

第四章

新媒体讲好故事的实践研究

第一节　新媒体发展概论

一、什么是新媒体

（一）新媒体概念的不同界定

"新媒体"一词于 20 世纪 70 年代开始盛行，近年来在世界范围内迅速扩散。对于新媒体的概念，不同的专家有不同的定义。早期联合国教科文组织对新媒体的定义是新媒体就是网络媒体，也可以表述为基于数字技术的以网络为载体进行信息传播的媒体；美国《连线》杂志对新媒体的定义是，所有人对所有人的传播；美国新媒体研究专家凡·克劳斯贝将其定义为，能对大众同时提供个性化内容的媒体，是传播者和接受者融会成对等的交流者，而无数的交流者相互间可以进行个性化交流的媒体；国务院发展研究中心岳颂东对新媒体的定义是，它是用当代最新科技手段，将信息传播给受众的载体，从而对受众产生预期效应的介质①；清华大学熊澄宇教授对新媒体的定义是，在计算机信息处理技术基础上产生和影响的媒体形态，包括在线的网络媒体和离线的其他数字媒体形式；新媒体是所有人向大众实时、交互地传递个性化数字复合信息的传播介质。清华大学熊澄宇教授提出的新媒体概念除了具有报纸、电视与电台等的功能外，还具有交互性、融合性等特征，用户既是信息的接收者，又是信息的发布者，具有多种形态的网络媒体。新媒体虽然也具有大众媒介的传统特征，但它又将多种传播方式融为一体，如人际传播、组织传播和大众传播，可以说是一种全媒体、融媒体②。

（二）新媒体的概念

新媒体是 20 世纪中后期在科学技术发展的时代背景下，在数字技术大发展的基础上，传播信息海量化，传播速度更快与传播方式更丰富的新型媒体，它包括了互联网、卫星直播系统和多媒体平台等。新媒体也是一个相对的概念，是在报纸、广播与电视等传统媒体以后发展起来的新的媒体形态，包括手机媒体、数字电视等。当前，新媒体也被称为"第五媒体"（第五媒体是以手机为收听终端）。手机上网为平台的个性化即时信息传播载体，它是以大众为传播目标，以定向传播为目的，以即时为传播效果，以互动为传播应用的大众传媒平台。总之，新媒体是一个极为宽泛的概念，它是在新的技术发展基础上出现的媒体形态，它涵盖了所有数字化的媒体形式，包括所有数字化的传统媒体、网络媒体、移动客户端、数字电视与数字杂志等。因此，新媒体是利用数字技术、网络技术，通过互联网、宽带局域网、无线通信网和卫星等渠道，

---

① 匡文波. 到底什么是新媒体 [J]. 新闻与写作，2012（7）.
② 熊澄宇. 对新媒体未来的思考 [J]. 现代传播，2011（12）.

以电脑、手机与数字电视机等为终端，向用户提供信息和娱乐服务的传播形态。

二、新媒体的特征及优势

（一）新媒体的特征

1. 数字化

在信息化时代，信息数字化被研究人员越来越重视。20世纪40年代，香农证明了采样定理，即在一定条件下，用离散的序列可以完全代表一个连续函数，采样定理为数字化技术奠定了基础。数字化时代就是运用计算机将我们生活中的信息转化为0和1的过程，是信息领域的数字技术向人类生活各个领域全面推进的过程，并将数字化技术应用到我们生活的方方面面。计算机技术实现了信息的数字化过程，数字化是信息社会的技术基础，它使信息进行数字化的存贮、加工和传播，而数字化信息的传播介质就是网络媒体①。目前，数字化技术已经渗透传统媒体的生产过程，如数字广播、数字化电视及报纸、激光、排版等。数字化是新媒体的一个特有属性，如果没有数字化的技术，就没有我们的新媒体时代。

2. 互动性

德国社会学家齐美尔在1908年所著作的《社会学》一书中最早使用"社会互动"一词。后来，在美国形成相关学派和系统理论。新媒体之所以称为新媒体，互动性是区分它与传统媒体一个最主要的特征。

---

① 邵夏龙. 信息化时代维护国家文化安全问题研究 ［D］. 北京：首都师范大学，2013.

在新媒体时代，媒介的信息传播是双向的，这与传统媒体时代信息的单向传播形成了明显的对比，而这种双向的传播就是"互动性"。传统媒体的受众反馈是非常微弱的，而且是滞后的。新媒体在信息的传播过程中，信息源和信息接受者的互动是即时的、常规化的，如我们用手机看视频和新闻，可以发信息进行评论，或者直接进入一个社交群去讨论。同时，通过互动可以了解受众的需求，提高信息的质量，实现信息的私人化；通过互动还可以有效提高用户凝聚力和忠诚度，使受众反馈的问题得到解决。可以说，互动性是新媒体最大的特征之一。另外，新媒体改变了传统单一的信息发布模式，在新媒体技术的发展下，每个受众都可以随时随地发布信息，传受双方不再固定，角色可以进行互换，从而扩展了信息的来源渠道。也就是说，在公民记者发表了信息后，大众传媒可以紧随其后发布相关信息，这也是互动的一种模式。

3. 融合性

新媒体时代媒介融合是被提出最多的概念之一。在传统媒体时代，任何一种媒介如广播、电视与报纸都只能提供一种服务，而新媒体可以将这些媒介形态所有的功能集为一体，将不同的传播模式融合起来，是集人际传播、群体传播、组织传播和大众传播为一体的融媒体。如通过微信，可以发短信，实现人际传播；又可以接收来自微信群的信息，实现群体传播；还可以接收来自自媒体或传统媒体微信公众号发来的公共信息，实现大众传播。可见，微信将多种传播方式融合起来，在一个平台上实现了点对点、点对面和面对面的传播。在信息传播方面，微信还打破了传统媒体单一的信息传输方式，可以传播文字、图片、语音及视频等，具有多媒体化的功能，极大地丰富了新闻的表现力和感染力，使报道更加生动形象、直观具体。微信实现了受众在读者、听众、观众和用户之间的完美切换，使人们的沟通手段、生活方式发生了改变。

4. 即时性

新媒体时代，信息发布的即时性具有无可比拟的优势。新媒体时代技术的成熟和发展使信息发布的即时性成为可能。网络媒体实现了信息传播的交互性，任何人都可以成为信息的发布者，而不再是被动的接受者。所以，只要在新闻发生的现场，新闻就可以第一时间通过手机媒体等多种方式发布出去，而不用等待记者的到来。同时，新闻业界开始使用机器人写作。2017 年 8 月 8 日晚 21 时，四川九寨沟发生了 7 级地震，地震在发生 25 秒后，灾情新闻通过网络平台推送出去，而第一条信息是由机器人写作完成的。这条标题为"四川阿坝州九寨沟县发生 7.0 级地震"的速报共 585 字，由机器人自动编写，信息通过中国地震网官网微信平台推送，全球首发。腾讯集团推出的写作机器人，是腾讯财经开发的一款自动写作新闻软件，它根据算法在第一时间自动生成稿件，瞬间输出分析和判断，一分钟内将重要资讯和解读送达给客户。

5. 个性化

新媒体实现了信息传播与收发的个性化定制，即分众化的传播。新媒体可以根据用户的信息使用习惯、偏好和特性，向用户提供满足其个性化需求的服务，这与传统媒体的单向一体化的传播方式有极大区别。新媒体时代是一个受众个性化时代，信息付费就是一个典型的信息个性化的表现，它是一个基于用户个人建立起来的个性化信息交流系统，传统媒体中被动的信息接收者转变为主动寻找和制作信息的用户。

总之，新媒体的数字化、交互性、即时性与融合性都是它发展中的巨大优势。虽然传统的媒体提倡内容为王，以提供优质的内容来吸引客户，但新媒体巨大的传播优势，及时、有效、低成本和高效率等都决定了新媒体持久的生命力。特别是各种特征之间相互交融、数字化和互动化实现了信息定制的私人化等优势，是任何一种传统媒体无法相较的。相信新媒体在未来的发展过程中只要不断完善，就能发展下去。

（二）新媒体的优势

新媒体的优势可以从以下几方面来理解。

1. 新媒体的时效性强

目前新媒体有多种移动终端。例如，手机移动终端，在新闻事件发生的第一时间，网民可以用手机将信息发送出去，达到信息传播的即时性，而广大手机用户又可以通过私人信息定制，第一时间接收到最新信息。

2. 覆盖面广

据第42次中国互联网网络发展状况统计报道，目前我国网民规模超过8亿，互联网普惠化成果显著。2018年上半年我国新增网民2900多万人，较2017年年末增长3.8%，我国手机网民规模7.88亿，网民通过手机接入互联网的比例高达98.3%①。当新媒体的覆盖用户量越多、面越广，人们越是习惯和依赖新媒体。

3. 便利性

从传统媒体角度来讲，人们的很多种获取信息的方式都需要比较大的载体，如在早前媒体还没有出现时，人们去佝偻瓦舍咖啡厅、酒吧等地获得信息；报纸产生后，人们需要从报纸上获取信息；当广播出现后，人们需要专门用收音机去接收信息；电视出现后，人们需要在家里

---

① 中国互联网信息中心．第42次《中国互联网络发展状况统计报告》［EB/OL］．中国网信网，2018－08－02.

收看电视。无论是哪种载体，酒吧、报纸、广播收音机与电视机都需要人们用固定的方式接收，而人们使用的新媒体形式如手机、平板电脑等则可以随身携带，灵巧便利，随时接收信息，时间的利用实现碎片化。

4. 成本低廉

新媒体的数字化技术，使人们获取信息成本更加低廉，甚至是零成本。目前人们的日常消费方式如滴滴打车、支付宝等，人们不需要为这类新技术支付成本。

5. 社交性

网络媒体实现了人类所谓的地球村。广大网民可以随时随地利用各种网络媒体进行社交，这种社交可以是一对一的，也可以是一对多、多对一的。如一对一的交流为人们了解外面的世界打开了一扇窗口。不同地域的网友之间虽然在语言、文化存在很大的差异，但彼此之间通过交流使了解深入，可以说网络媒体时代扩大了人们交友的地域范围，而群体传播中交流的往往不只是信息。例如，通过有共同话语的社交群，实现自我交流的表达和全部意义。

除了上述优势外，新媒体还有其他方面的优势。如新媒体改变了广告的播出模式。传统的电视媒体是线性传播，人们只能被动接受广告，且广告播出时间较长，广告收费较高。而新媒体时代，人们则可以利用会员身份不看广告，且网络广告播放的时长较短，广告内容也比较倾向于年轻受众，网络广告成本要低很多。此外，新媒体时代大量社交平台兴起，如微博、微信等平台给人们的生活带来彻底的颠覆性，人们的日常交流可以通过微信来实现，而且微信可以语音、视频，在连接 WIFI 的前提下是零收费的，受众用微信来支付，出门不用携带现金，既便捷又安全；天猫、京东等网购平台，实现了足不出户便可以买到所有的生活用品，而且还送货上门。新媒体兴起后，人们的工作环境、工作方式发生了变化，没有网络、没有数据就无法进行工作。可以说，新媒体的兴起，在很短的时间内，彻底改变了我们以前的生活、学习与工作方式，它给人们带来的变化和以前传统媒体带来的变化不可同日而语。

三、我国新媒体发展面临的机遇及展望

（一）我国新媒体发展面临的机遇和挑战①

1. 在新媒体平台开启政府服务功能升级

随着互联网的日益发展，我国经微博平台认证的政务微博已超过17 万，政务新媒体运营能力得到整体提高。

2. 新媒体助力主题正能量传播

目前新媒体已经参与了 G20 峰会、央视"3·15"晚会等报道，同时多家主流媒体正积极与新媒体进行融合。如人民日报社的中央厨房是面向受众、面向国际、面向未来的，新一代内容生产、传播和运营体系，以内容的生产传播为主线，不仅服务于人民日报旗下的各个媒体，更为整个媒体行业搭建一个支撑优质内容生产的公共平台，聚拢各方资源，形成融合发展态势。中宣部部长刘奇葆在《人民日报》发表的署名文章《推进媒体融合深度，打造新型主流媒体》中指出，中央厨房是标配，是龙头工程，一定要建好用好。

3. 网络直播的发展

网络直播是可以同一时间透过网络系统在不同的交流平台观看影

---

① 唐绪军. 新媒体蓝皮书中国新媒体发展报告 2018［R］. 北京：社会科学文献出版社，2018.

片，是一种新兴的网络社交方式。网络直播平台成为一种崭新的社交媒体，主要分为实时直播游戏、电影与电视剧等。网络现场直播具有成本低廉、方便快捷及互动性强的优势。网络现场直播对信息采集要求较低，所需投入不高，传输过程在网络进行时，成本低廉，且网络现场直播完全由个人完成，不需要额外过大的空间，而电视直播需要各方面人员的配合，周期较长。最重要的是，网络现场直播过程中，受众可以选择自主参与，并进行互动。

2017 年，中国网络直播用户规模达到 4.22 亿。同年 7 月，国家公共信息网络安全监察规定，网络直播禁止纹身、低俗与暴力等不良现象，国家将对之进行专项整治工作，加强对网络直播平台的规范管理。

4. 短视频的发展

《中国网络版权产业发展报告》预计 2020 年短视频市场规模将超过 350 亿元。2017 年，短视频市场迎来了激烈的竞争，"快手"和"抖音"成为行业内的两大平台[1]。在产品发展方面，2017 年"办公室小野"已经成为短视频行业的佼佼者。短视频之所以发展迅速主要是网络技术的发展、智能手机的普及，以及网络资费的降低和用户与手机的"形影不离"，最重要的一点是短视频和新媒体时代用户的信息获取和消费习惯相吻合。

2017 年网络直播与短视频发展迅猛，新产品、新样态层出不穷。网络直播和短视频面向全民平台发展，用户生成内容、专业生产内容与社交属性成为平台发展的主要推动力。在政策监管、市场竞争和观看需

---

[1] 国家版权局网络版权产业研究基地.中国网络版权产业发展报告（2018）发布.国家版权局网，2018 - 4 - 25.

求理性化的前提下，网络直播和短视频行业发展前景可观。

5. 音视频知识付费产品的升级发展

知识付费的本质，是把知识变成产品或服务，以实现商业价值。知识付费有利于人们高效筛选信息，付费的同时也激励优秀内容的生产①。从 2016 年起，一系列标志性的事件让内容付费成为一种时尚。5 月 15 日，付费语音问答平台"分答"上线，通过这一平台，你可以快速找到能给自己提供帮助的人，用一分钟时间为你答疑解惑，很多名人和专家也加入分答付费问答平台。例如，"罗辑思维"创始人罗振宇全力打造"得到"App；喜马拉雅 FM 创办知识付费节"123 知识狂欢节"等。2017 年，这一趋势反而更加迅猛，3 月 7 日，豆瓣网推出了首款付费产品"豆瓣时间"，在注意力和优质内容稀缺的时代，这些机构和个人迎风而起，占领先机。目前，知识付费类产品形态多样，有文字类产品、音视频产品和融媒体产品等。具体的知识付费产品形态包括音频录像、图文分享、在线问答、视频直播及付费传统媒体等。基于用户的需求越来越细分，知识付费产品的形态也呈现多元化的态势，在众多的知识产品形态中，音频类产品最受青睐，且 200 元以下的产品是主流。大多数用户更愿意接受对知识付费产品进行小额付费。

6. 网络娱乐市场需求强烈，相应政策出台鼓励引导互联网娱乐生态健康发展

网络音乐原创作品得到扶持，网络文学用户阅读方式多样，网络游戏类型多样化和游戏内容精品化趋势明显，网络短视频迅速崛起，以满足网民碎片化的娱乐需求。与此同时，网络文化娱乐内容进一步规范，

---

① 辛侠平. 知识付费存在的问题与未来展望. 现代经济信息，2018（11）.

网络音乐、网络文学、文学版权环境逐渐完善，网络游戏中违法违规内容得到整治，直播平台进入精细化运营阶段。

（二）中国新媒体未来发展的十大展望

1. 数字经济将引领数字中国建设走上新征程

数字中国旨在以遥感卫星图像为主要技术分析手段，在可持续发展、农业、资源、环境、全球变化和生态系统等方面管理中国。党的十八大以后，数字中国是新时代国家信息化发展的新战略，涵盖经济、政治与文化等领域，包括大数据、云计算和人工智能等内容。

2. 人工智能企业的迅速崛起

人工智能在计算机领域内得到了越来越广泛的重视。人工智能是研究如何使计算机去做过去只有人才能做的智能工作，是计算机学科的一个分支，在20世纪70年代被称为世界三大尖端技术之一，也是21世纪三大尖端技术之一。2017年3月在中华人民共和国第12届全国人民代表大会第五次会议上，李克强总理在政府工作报告中提出人工智能的影响力巨大。如人工智能对自然科学的影响，表现在需要使用数学计算机工具解决问题的学科领域，它带来的帮助不言而喻；人工智能对经济的影响，它促进了工业计算机网络的发展，也带来了劳务就业问题；人工智能对社会的影响，它为人类文化生活提供了新的模式。总之，人工智能本身是超前研究，需要用未来的眼光开展现代的科研。

3. 媒介融合系统性创新发展，效果评估不断规范

目前媒体融合战略发展阶段，需要进行科学的评估。如评估媒体融合存在的问题，媒体融合做得较好的案例，未来媒介融合发展的方向等。

4."一带一路"倡议将提升我国国际传播能力

"一带一路"已成为全球最受欢迎的公共产品，也是目前前景最好的国际合作平台。自 2013 年秋天，我国提出共建"一带一路"倡议以来，引起越来越多国家热烈响应，共建"一带一路"正在成为我国参与全球开放合作、改善全球经济治理体系、促进全球共同繁荣发展和推进构建人类命运共同体的中国方案。2018 年，习近平总书记参加推进"一带一路"倡议工作五周年座谈会并发表重要讲话。

5. 微信、微博发展依旧强势

2018 年春节，微信全球月活跃用户数突破 10 亿大关；2017 年微博实现总营业收入 77 亿元①。目前，微信已经不仅仅是社交平台，它还是支付与消费平台。微信，是一种生活方式，超过 10 亿人使用的手机应用，支持语音短信、视频、图片和文字，仅耗少量流量，且适合大部分智能手机。

6. 加强网络舆论引导为主进行互联网内容建设，防范网络思潮风险

网络思潮是近十年来我国兴起的一种新思潮，这种思潮表现为参与者通过网络发布信息，利用公众舆论压力影响社会问题解决的心理意识倾向。虽然还处在发展期，但伴随着网络技术的发展和我国网民的急剧增加，网络思潮凸显出活跃的发展势头，其影响越来越大。习近平总书记曾多次强调，网络空间是亿万民众共同的精神家园，我们要本着对社会负责，对人民负责的态度，依法加强网络空间治理，加强网络内容建

---

① 唐绪军，新媒体蓝皮书中国新媒体发展报告 2018［R］.北京：社会科学文献出版社，2018.

设，做强网上正面宣传，培育积极健康、向上向善的网络文化，用社会主义核心价值观和人类优秀文明成果滋养人心、滋养社会，做到正能量充沛，为广大网民特别是青少年营造一个风清正气的网络空间。

7. 内容价值持续回归，内容付费成为新媒体盈利点

在信息无限、精力有限的年代，如何快速获取有价值的信息已经成为新的趋势。在新媒体的大背景下，基于知识、经验的付费，已经成为一种全新的信息交互模式。

8. 政务新媒体不断自我整合，服务功能逐步升级

截至 2018 年 6 月，我国在线政务服务用户规模达到 4.7 亿，占网民的 58%，另有 42% 的网民通过支付宝或微信服务平台获取政务服务[1]。政府出台各项政策推动政务线上化发展，打通信息壁垒，构建全流程一体化在线服务平台，建设人民满意的服务型政府；同时，各级政府网站集约化程度明显提高，全国政府网站将近 2 万个，较 2015 年普查时缩减 70%。各级党政机关和组织还积极运用微博、微信及客户端等"两微一端"新媒体，发布政务信息，回应社会关切，推动协同治理，不断提升地方政府信息公开化、服务线上化水平。

9. 用户个体商业价值被激活，以"社交电商"为代表的社交化产品成为新势力

社交电商是基于人际关系网、利用互联网社交工具从事商品或服务销售的经营行为，是新型电子商务的重要表现形式之一。社交化电商首先有导购的作用，用户之间有互动与分享，有社交化的元素，最为关键

---

① 唐绪军. 新媒体蓝皮书中国新媒体发展报告 2018 ［R］. 北京：社会科学文献出版社，2018.

的是，其具有"社交化传播多级返利"的机制，可以获得收益。2017年社交化电商的两个特征。一是社交化电商平台呈下沉态势，趋于提供底层的服务。社交化电商和微商可以使用社交电商平台提供功能完整的标准化交易服务，在社交电商平台的闭环内实现交易，也可以通过社交电商平台招募或微商雇佣的第三方开发者或服务商，在社交工具提供的部分或全部交易服务接口进行定制化、深度化开发，创建个性化的交易环境，以实现电商平台的资源投入与用户需求的平衡。二是社交电商和微商渠道需求旺盛，趋于突围社交平台闭环。目前社交电商和微商已经不满足于社交平台的闭环内经营，趋于获得更多的流量。他们自建交易网站、入住第三方交易平台或通过第三方开发者或服务商，在社交电商平台的基础上搭建穿透社交平台闭环，以期多渠道获得用户流量。

10. 互联网治理趋势依然是严管严控，网络安全至关重要

网络安全是指网络系统的硬件、软件及系统中的数据受到保护，不因偶然或者恶意的原因而遭到破坏、更改和泄露，系统连续可靠正常地运行，网络服务不中断。网络安全具有保密性、完整性、可用性与可审查性的特征，采取适当的安全体系设计和管理计划，能够有效降低网络安全对网络性能的影响并降低管理费用[1]。

以上便是中国新媒体发展的十大展望，互联网的迅速发展、技术的不断成熟与应用的不断更新，为新媒体的发展提供了无限的可能。

---

[1] 唐绪军. 新媒体蓝皮书中国新媒体发展报告 2018 [R]. 北京：社会科学文献出版社，2018.

四、新媒体发展面临的问题和规避政策

（一）新媒体发展的同时也带来了一系列的社会问题

新媒体的匿名性、开放性为社会结构的重构和人们行为方式的改变带来了诸多问题。目前新媒体传播现象的社会风险主要集中在网络舆论领域，网民滥用新媒体的自由环境，信息在传播过程中出现了严重的异化现象，导致了网络社会传播风险的增加，主要体现在以下几点。

1. 打破了道德底线的网络暴力

网络暴力是一种暴力形式，是社会暴力在网络上的延伸，它是在网上发表具有伤害力、侮辱性和煽动性的言论、图片、视频的行为现象①。网络暴力能对当事人造成名誉损失，而且已经打破道德底线，往往也伴随着侵权行为和犯罪行为，亟待运用教育、道德约束与法律等手段进行规范。网民们若想获得自由表达的权利，也应该担当起维护网络文明与道德的使命。

2. 扰乱社会秩序的网络谣言

网络谣言是指通过网络介质如微博、网站与社交软件等途径传播的谣言，即没有事实依据带有攻击性、目的性的话语。网络谣言主要涉及突发事件、公共领域、政治人物、颠覆传统等内容。其传播具有突发性且流传速度快，对正常的社会秩序造成不良影响，从众心理更促使谣言加速传播。网络谣言尤其是网络政治谣言，由于真伪难辨、蛊惑性强，容易带来严重的社会问题，甚至引发社会动荡和政局混乱。许多国家把

---

① 毛向樱. 网络语言暴力行为的社会交往分析［J］. 哈尔滨师范大学社会科学学报，2018（1）.

打击网络谣言作为谣言治理的重要内容，综合施策、严厉打击。2013年，我国最高法和最高检公布《关于办理利用信息网络实施诽谤等刑事案件适用法律若干问题的解释》，明确了网络谣言在什么情况下构成犯罪。

3. 网络水军充斥

网络水军即受雇于网络公关公司，为他人发帖、回帖造势的网络人员，以注水发帖来获取报酬，有时候也可以指在网上通过大量水帖来制造娱乐搞笑气氛的网友①。网络水军有专职和兼职之分，网络水军存在是网络营销的进阶，但是网络水军也是双刃剑，需要各个网络公司把握好应用角度。为了维护社会秩序，包括中国在内的许多国家制定了相应的法律法规和政策对网络水军进行管理、约束和惩治，网络水军必须为他们违法乱纪行为承担相应的法律责任。

（二）对于以上新媒体发展中带来的问题，可以采取以下规避政策

1. 立法先行，推动网络法治建设

2012年12月28日，全国人民代表大会常务委员会出台《关于加强网络信息保护的决定》，政策旨在对公民个人隐私等进行保护。但随着互联网日新月异的发展，我国的网络立法与网络发展已经不能相匹配，一些网络传播现象在法律层面不能得到解决。目前，我国应该加快网络立法的步伐，才能使广大网民的利益得到保障。只有借助于法律的强制性和威慑力，网民在网络上追求自我权利的同时，才会像在现实生活中那样考虑自己言行的后果，而经过深思熟虑的行为也必然更加理性，能有效消除恶意中伤、谣言诬陷等现象的发生。

---

① 徐昭媛. 网络水军不当行为的法律规制［J］. 法制博览，2018（1）.

2. 建立舆论引导和网络快速反应机制

中国政府面对互联网的高速发展，规范监管网络传播，目前已经形成了富有特点、行之有效的舆论引导机制。首先，建立相关的法规管理体系，严管舆论，多管齐下，各职能部门交叉管理与协作。目前我国网站的主管部门包括中宣部、信息产业部等。其次，采取的有效措施有积极建设主流媒体网站，强化舆论引导。我国已投入了大量人力、物力及财力扶持国家重点网站的建设。再次，严格技术管控，防范有害舆论的扩散传播，我国已经建立了大型网络管理技术工程，通过技术手段监控有害信息，设置防火墙，封锁敏感网站，防范网络侵犯。最后，政府要做到自律和他律相结合，规范行业引导和社会监督。

3. 重视网络问政，提供民意宣泄渠道

网络问政，是政府通过互联网做宣传、做决策，了解民意、汇聚民智，以达到取之于民、用之于民从而实现科学决策及民主决策，真正做到全心全意为人民服务①。随着网络的日益普及，互联网在中国民众的政治、经济和社会生活中扮演着日益重要的角色，成为中国公民行使知情权、参与权、表达权和监督权的重要渠道。网络民意的凸显，一方面在于网民人数的发展及公民意识的增长，另一方面在于执政者对网络民意的日益重视。网民要提高自身媒介素养。由于媒介与技术和社会的发展紧密相连，媒介素养的内涵也随着传播技术和通信技术的发展而不断变化。媒介素养经历了从阅读、理解和书写能力到视听素养，再到数字化素养、信息素养和新媒介素养的转变。新媒介素养是在社交网络革命、互联网革命和移动革命背景下，个人为了适应新的媒介环境和社会

① 宋志国．"互联网＋"时代网络问政研究［J］．信息技术与信息化，2018（08）．

关系变化，构建更大、更好的社会网络应具备的能力。在互联网推动下的网络化个人主义时代，网民应该具有的新媒介素养，包括图像处理能力、导航能力、信息的组织和联通能力、专注能力、多任务处理的能力、怀疑精神和道德素养。

4. 逐步实现网络实名制

如今，人类已经进入了"互联网＋"时代，互联网的高速度发展导致互联网世界鱼龙混杂，滋生了网络诈骗等影响网络健康的隐患。网络实名制作为一种以用户实名为基础的互联网管理方式，可以成为保护、引导互联网用户的重要手段和制度，并保护青少年免受网络不良因素的影响。国家互联网信息办公室发布了《关于互联网跟帖评论服务管理规定》，其中一个最重要的要求就是网站主题需要落实实名制，即如果注册用户没有提供身份证认证，那么网站将不能向其提供跟帖评论服务。

第二节　手机媒体发展概论

一、手机媒体概况

手机媒体，是指以手机为视听终端、手机，上网为平台的个性化信息传播载体。它是以分众为传播目标、以定向为传播效果和以互动为传播应用的大众传播媒介。手机媒体被公认为继报刊、广播、电视与互联网之后的"第五媒体"。手机的普及性、信息传达的有效性和丰富的表现手法使得手机具备了大众传播的理想条件，短信的出现使手机有了报纸的功能，彩信的出现使手机有了广播的功能，手机电视的出现使手机有了电视的功能，WAP 和宽带网络使手机有了互联网的功能，同时手机在一定程度上与报纸、广播、电视、网络互相融合、渗透成为一种新型的"全媒体"。总之，手机媒体作为以手机为中介，传播、视听和娱乐等多媒体信息的互动性的传播工具，将对传统的传播方式产生突破性的创新。手机比电脑更普及，比报纸更互动，比电视更容易携带，集四大媒体的优势于一身，带来视听方式和传播模式的革命。

随着现代化发展步伐加快、经济全球化加速，处于流动状态中的人口将占世界人口总量的三分之一，中国人使用的手机将占全球使用量的最高份额。

二、手机媒体的特点及优势

手机媒体除了体积小、分量轻和便于携带的特点外，其还像电脑一样具有可延伸性。同时手机媒体还在不断进步，各项技术均有很大的提升空间；手机产品层次丰富，价格多样，几乎每个人都能消费；手机易于掌握，一对一的传播形式使信息传达便捷有效。除此之外，还有以下几个重要特征。

（一）多媒体融合

在 4G、5G 业务的推动下，手机媒体融合了报纸、期刊、杂志、广播、电视与网络等所有媒体的内容和形式，借助文字、图片、音频、视频、网页、电子邮件、实时语音与实时影像等任何一种或几种的组合来进行传播活动。这种多媒体传播方式的融合使手机的立体效果得到展现。同时，手机的传播方式融合了大众传播和人际传播，单向传播和双向传播，一对一、一对多和多对一的多种传播方式，形成了复杂的传播网。同时，手机还与报纸、广播、电视等媒体进行互动、融合，实现"全媒体"的传播。

（二）传播速度更快、范围更广

作为一种移动的数字化传播媒体，手机媒体传播速度更快、时效性更强、范围更广且限制因素更少。借助移动通信网、手机短信、手机报与微信等接收方式，可以使最新的信息在第一时间发送到每一个客户手机上。同时，手机用户基数庞大，目前我国手机用户已经达到将近8亿人，机身小巧便于携带，使信息可以随时抵达接收者，便手机传播的范围更广。

（三）互动性强

手机媒体是一种开放的互动性的传播，这与网络媒体的特征一脉相承，传播者和受众可以随时随地进行双向交流，并表达个人意愿和看法。手机拥有者可以随时随地接收信息，不仅可以进行个体间的联络。还可以进行群体间的联络，用户既是受众，又是内容生产者。传播者可以给用户发送他们所需要的信息，也可以进行问卷调查与读者评论等互动，受众可以选择自己的信息，并在互动区进行信息反馈，还可以作为传播者，传递信息，实现传者和授者之间的无门槛跨越，更广泛、更迅速地进行互动。

（四）传播效果强大

首先，手机媒体是实现个体的信息需求为传播核心的，它打破了信息制作周期长、获取地点要求高和利用公共资源等的限制，突破了信息传播者为大众传媒的限制，使每个人可以进行信息的传播，信息的传播更加多元化，手机传播的信源涵盖的面也更广。其次，人们对手机的依赖程度越来越高，当下人们的日常生活已经离不开手机。从手机里获得信息，用手机进行个人化交流，接收群体信息，手机进行支付，手机来进行社交等，手机在这个时代已经不仅仅是一种媒体，它更是人们生活的必需品。手机的传播效果已经超出了人们的想象。

另外，从传播角度看，手机媒体拥有的独特优势有：高度的便携性，跨越地域和电脑终端的限制，拥有声音和震动的提示，几乎做到信息接收的同步性；接收方式由静态变为动态，用户自主地位得到提高，可以自主选择和发布信息，信息的即时互动或暂时拖延得到自主实现，是人际传播与大众传播的完美结合。

三、手机媒体对当代大学生的影响

目前，人们的生活已经离不开手机，那么，手机对人们生活带来了什么样的影响？此处，以山西运城学院学生为研究对象，来探讨手机媒体对当代大学生的影响。

（一）手机媒体对当代大学生的正负影响

随着信息化时代的到来，手机媒体对"90后"大学生来说，不仅是联系的工具，更是学习、生活和娱乐不可缺少的"伴侣"。随着智能手机的普及和移动互联网的发展，中国网民的增长主要是手机网民的增长，在使用手机的各个年龄段中，20—29岁这个年龄段的大学生数量最多。大学生对新鲜事物接收能力强，手机使用频率也高，因此研究手机媒体对大学生的影响有重要意义[1]。通过调查发现，几乎所有的大学生都拥有智能手机。校园移动卡经常针对学生推出流量套餐，大部分时

---

[1] 高晓娜. 手机媒体对大学生的影响研究——以运城学院学生为例 [J]. 今传媒，2016（12）.

候学生可以随心所欲上网，手机的便携性、信息化已经成为大学生必备工具，越来越影响到大学生的学习和生活。具体而言，手机已经不再是传统意义上的通话工具，它已经成为一种生活方式，影响着他们生活的方方面面。

1. 手机媒体使大学生获得更多的信息，但却使其陷入"信息的海洋"无法自拔

调查显示，几乎所有的学生都会整天将手机随身携带，有问题随时用手机进行查询，在课间休息时间会看一眼手机，大多数时候用手机看到的信息都是无用的，更多关注的还是娱乐新闻。

2. 手机媒体丰富了大学生的生活，但使越来越多的大学生变成了"低头族"

大学生可以用手机聊天、购物、订餐等，生活方式便捷越来越离不开手机。在校园里经常会看到有的学生边走边玩手机，这就是校园里的"低头族"。研究表明，长期玩手机对颈椎、眼睛都有很大的伤害。

3. 手机媒体开阔了大学生的视野，但也助长了部分学生的攀比心理

大学生利用手机可以查询资料，下载学习软件进行学习，同时可以通过微信、微博进行交流，拓展信息渠道，接收外来信息但许多大学生也因此产生追求时尚盲目跟风心理。一般艺术专业的学生更加热衷使用名牌，其中68%的学生用苹果手机。他们认为，使用手机品牌是一种身份的认可与象征。可这样不仅会加重家庭的负担，同时还会形成攀比

之风和错误的价值观①。

4. 手机媒体活跃了大学生的思维，但其提供的信息却要斟酌

随着智能手机在大学生群体中的普及，在校园的各个角落，手机已经成为很多人最忠诚的陪伴者。吃饭时，有手机美团定外卖；充话费时，直接用手机支付宝充值；不懂任何问题时，随时用手机百度查询；无聊时，用手机玩游戏。但由于用手机媒体收发信息相对自由，也导致了手机网络信息可信度不高，很少有学生去判断手机信息的可靠程度。同时，在传播信息中，随心所欲地去发表自己的想法，多少也导致大学生的责任心下降。

（二）大学生如何正确使用手机

当代大学生是祖国未来的希望，各大高校要积极引导大学生正确使用手机媒体，加强思想政治教育工作，为祖国培养合格的人才。具体来讲有以下几点。

1. 在全校范围内开展媒介素养课程

中国人民大学教授陈力丹认为，"媒介素养分两个层次：一个是公众对于媒介的认识和关于媒介的知识。另一个是传播工作者对自己职业的认识和一种职业精神"②。在人人都有麦克风的信息时代，公众既是信息传播者也是接收者，被称为"公民记者"。当下大学生的媒介素养较低，利用手机上网的目的主要是看娱乐新闻、玩游戏，总体来说呈现出一种泛娱乐化倾向。当利用手机媒体接收信息时，仅有6%的同学在

① 高晓娜. 手机媒体对大学生的影响研究——以运城学院学生为例［J］. 今传媒，2016（12）.

② 陈力丹. 提升媒介素养［J］. 东南传播，2017（8）.

阅读信息时会思考这个新闻是否是假新闻①。开展媒介素养课，引导学生正确解读信息，批判性地吸收信息。

2. 加强课堂上使用手机管理，创建良好课堂纪律

大学生上课使用手机会破坏课堂纪律，无法专心听讲，同时也扰乱教师正常上课的秩序。通过调查发现有 68% 的学生上课有玩手机的现象，部分高校已经开始实行上课没收手机，下课再归还的措施②；考试期间也有学生在考试时利用手机作弊。要想实现良好的教学管理，必须加大管理，制定相关规定，教师的强制要求与学校的倡议相结合。如在学校教学楼、餐厅等学生集中的地方张贴标语："上课时间请自动将手机关机""上课时间不要玩手机""请归还一个良好的学习环境""手机作弊严肃处理"等。

3. 打造手机校园文化，营造良好的校园手机文化氛围

校园手机文化建设可以作为高校文化建设的一部分。近期山西省举办了"大学生手机文化节"活动，鼓励学生积极参与手机大赛创作，为大学生提供广阔的舞台，同时宣传手机文化。并在学校官方网站、学校餐厅、学生寝室打上标语，以让学生意识到娱乐不是接触手机媒体唯一的、主要的动机，学生可以利用手机媒体进行学习、沟通，建立良好的手机接触动机，创造良好的校园手机文化环境。高校应将培养大学生的人文素养作为校园文化建设的一部分，开展人文大讲堂、开展社团活动，用各种各样的校园文化吸引广大大学生参与，让大学生在参与中发挥自己的个性，潜移默化地培养大学生的人文素养，通过多彩缤纷的校

---

① 高晓娜. 手机媒体对大学生的影响研究——以运城学院学生为例 [J]. 今传媒，2016（12）.
② 同上。

园文化生活使学生摆脱对手机的依赖。

4. 严格遵守法律法规，创建手机使用自律意识

目前我国网络媒体使用管理还不成熟，没有成熟的法律道德约束机制。在使用手机媒体的同时，要使学生意识到使用手机也要注意遵守相关的规则，使用手机媒体进行相关的评论或者传播一定的信息时，不能随意伤害他人的利益，或利用手机媒体进行恶意攻击，必须在法律道德的范围内行事。

5. 拓展手机媒体使用范围，鼓励大学生用手机媒体讨论公共事务

目前大学生利用手机媒体主要是在于休闲娱乐，但我们可以鼓励大学生利用手机媒体来讨论公共事务，从而提高大学生的公民责任感。社会上每天有很多的热点舆论事件，作为大学生要提高媒介素养，就不能仅仅是看热闹的心态，而要进入深层次的思考，特别是一些与当代大学生相关的热点新闻，要积极参与，久而久之就会进入深层次的思考，形成自己独特的观点。如我国每年两会期间都会开通微博、微信通道，以期待一些有待商榷的政策在广大网民的讨论下得以完善。当代大学生要把关注点放在积极参与公共事务、服务社会的层面。

四、手机媒体对新闻传播带来的影响

手机媒体作为"第五媒体"，其诞生对新闻传播内容和传播方式带来了极大的影响。

（一）手机媒体彻底改变了传统的新闻生产流程

传统主流媒体的新闻生产要经过的新闻选题、新闻采写与新闻编辑，在生产的整个环节中都有严格的把关人，如记者、编辑。而手机媒体的新闻提供者可能是专业的网站，也可能是传统媒体，还可能是独立

的个人。手机媒体在新闻生产过程中的把关制度没有传统媒体严格，更加自由和随意。手机媒体的网上运行，相对传统媒体自身也更加轻松，提供的信息会相对开放。虽然手机报、手机广播和手机电视的运营依然是手机新闻生产的重要力量，但手机用户积极地参与生产、互动与表现话语的热情，将冲破专业手机媒体运营充当传播者的身份，特别是独立的个人发布的信息，他们唯一遵循的是自我的表达欲、价值观和自我的倾向性。

（二）消除了传统媒介传播过程中时空的局限性，使传播随时随地进行

传统媒体提供的是线性传播，特别是广播、电视，但手机媒体可以提供非线性的传播，用户可以随时点播和下载，实现了实时传播和异时的共存，因此人们不仅可以了解正在发生的新闻，还可以了解新闻背景。与传统媒体需要在客厅、卧室、办公室等固定地点接收信息的媒体相比，手机便携性的特点使人们可以随时随地接收信息。可以说，在信息发布与信息接收之间实现了零时差。另外，在空间上，移动通信网实现了全球覆盖和全球漫游，手机媒体彻底打破了地域性的限制，不同文化、不同民族的人们之间可以进行交流，距离已经不是问题。无论身处世界的哪个角落，只要手机用户拿起手机，就可以跨越时空进行沟通交流。

（三）手机媒体消除了不同媒介之间的差异，同时实现了媒介大融合

手机媒体是依靠数字化技术的多媒体终端，可以接收图片、音频与视频等，且现在手机媒体的内存越来越大，这些特性使手机具有强大的媒介融合能力。人们通过手机，可以借助文字、图片与声音任何一种或

几种介质来开展新闻传播活动，可以采用手机报、手机广播、手机微信及手机微博等不同形态实现新闻的传播，满足受众的一切传播需求。在手机媒体上，传统的报纸、广播、期刊与电视之间的区分已经没有意义，它已经实现了媒介大融合。

（四）手机媒体使人际传播和大众传播相融合

在传统的新闻传播中，大众传播占主导地位。报纸、电视等传统媒体决定着人们接收什么样的信息，所以受众基本上处于附属地位。但手机媒体使这种媒介格局发生了变化，手机媒体的接收者可以随时进行互动和反馈，而且手机媒体使用者也成为传播的一分子，特别是在社会突发事件的信息传播中，手机用户通过人际传播进行信息扩散，大众媒体在第一时间积极进行呼应，二者相互配合，使传播更加快捷。

（五）手机媒体消除了传播者和接受者的界限，使新闻传播由单向传播向多向互动传播转变

传统媒介的传播是单向的，传播者和接受者之间有明确的界限，信息反馈环节非常薄弱，而且是延时的，缺乏直接性和即时性。手机媒体完全改变了这种形态，它不仅是手机报纸、手机广播与手机电视的终端，还是移动电话与无线互联网的终端，用户可以一边接听新闻，一边通过电话、短信和网络多种方式与手机媒体的内容运营商进行即时的、直接的沟通和反馈，传、受双方随时根据对方的需求进行整改、调整并补充自己的传播内容，实现信息的高质量传播。

（六）新闻传播内容更加趋向多元化

在手机媒体时代，传统的信息传播价值观已经被颠覆，人们需要的不仅仅是最新的信息，还需要有价值的资讯。现在越来越多的专业机构加入到手机新闻的传播队伍中来，但手机用户仍是这支队伍的主力军，

大众成为新闻议程的主要建构者，这促使着新闻传播的内容更加趋向于多元化。

第三节　新媒体讲好故事的叙事策略初探

一、用网络短视频、微博、微信等新媒体平台讲好中国故事

（一）用短视频讲好中国故事

1. 网络短视频的发展现状

短视频即短片视频，是在各种新媒体平台上播放的，适合在移动状态和短时间休闲状态下观看的，即在互联网新媒体上传播的时长在 5 分钟以内的高频推送的视频内容，是一种互联网内容传播方式。随着移动终端普及和网络的提速，"短平快"的大流量传播内容逐渐获得各大平台、粉丝和资本的青睐。短视频内容融合了技能分享、幽默搞怪、时尚潮流、社会热点、街头采访、广告创意与商业定制等主题。由于内容较短，可以单独成片，也可以成为系列栏目。随着网红经济的出现，短视频行业逐渐崛起了一批优质内容制作者，微博、秒拍、快手、今日头条等传播平台纷纷入驻短视频行业，并募集了一批优秀的内容制作团队入驻。到 2017 年，短视频行业竞争进入白热化阶段，内容制作者也进行专业化的运作。当下比较火的短视频网站是"做最好看资讯"的梨视频和"记录美好生活"的抖音视频。

2. 短视频的特点

不同于微电影和直播，短视频制作并没有像微电影一样有特定的表

达形式和团队制作，它具有生产流程简单、制作门槛低和参与性强等特点，比直播更有传播价值。超短的制作周期和趣味化的内容，对短视频制作团队的文案及策划功底有一定的挑战。优秀的短视频制作团队通常依托于成熟运营的自媒体，除了高频稳定的内容输出外，也有强大的粉丝渠道，短视频的出现丰富了新媒体原生广告的形式。

3. 如何利用短视频讲好故事

短视频的首要特点是"短"。在新媒体传播时代，碎片化的传播模式可以使人们在空闲时间自由接收资讯、看视频。在极短的时间内，客户可以利用闲暇时间接收来自网络媒体推送的短视频。此外，短视频虽然短，但形式多样化，内容完整丰富，可以做到"麻雀虽小五脏俱全"，比一般的视频更有吸引力。《北京时间》曾推送过一个网络短视频，讲的是北京胡同文化吸引外国游客观光的故事，视频只有短短的5分钟，但内容丰富、制作精良使视频特别吸引人。传统的北京人，特别热爱老北京的胡同，为了扩大老北京在世界的影响力，住在胡同里的居民，利用国庆假期带着外国游客一起打太极、包饺子，宣传中国的传统文化。在宣传北京胡同文化的过程中，游客身心得到了放松，并且与当地人建立了深厚的感情。这样的短视频非常接地气，而且拍摄得原汁原味，没有复杂的形式和内容，却是十分吸引人的。

（二）用微信讲好中国故事

1. 微信平台发展现状

微信是腾讯公司于2011年推出的一款为智能终端提供即时通讯服务的免费应用程序，支持跨通信运营商、跨操作系统平台通过网络快速发送免费语音短信、视频、语音、图片和文字；同时可以使用共享流媒体内容资料和基于位置的社交插件，如摇一摇、朋友圈、公众平台与语音记事本等服务插件。微信提供公众平台、朋友圈和消息推送等功能，用户可以通过搜索号码、扫描二维码方式添加好友和关注公众平台，还可以将看到的精彩内容分享到微信朋友圈。2018 年 6 月，微信订阅号正式改版上线。

2. 微信平台的特征和传播优势

微信并不是国内第一款移动互联网即时聊天工具，国内第一款聊天工具是小米科技推出的米聊。微信是腾讯公司推出的产品，因此有腾讯资金技术支持，同时庞大的 QQ 用户群和手机用户，使微信得以快速推广。微信的特征是：短信实时推送，内容上呈现多媒体，费用上有优势，能适用于多手机机型①。

微信的传播优势：第一，人性化设计，操作便捷，只要在微信官网下载，就可以免费安装微信；第二，多媒体传播，在微信朋友圈可以进行各种操作，与朋友进行私密聊天，接收各种微信群的信息，如朋友群、工作群与同学群等，同时发送各种信息，接收微信公众号发来的各种信息；第三，系统开放、免费使用：微信是一款免费的应用系统，且具有多方面的功能，用微信可以进行支付、滴滴打车和进行支付消费购买的物品等；第四，微信作为传播主体具有很强的互动性，微信是即时聊天系统，可以即时接收信息，同时用语音和视频进行免费的聊天，互动性强；第五，微信的传播内容有私密性和即时性的特点，作为手机媒体开发的一个软件系统，既可以将人际传播的功能和大众传播的功能集为一体，又可以通过语聊实时互动，体现了传播的私密性和即时性特征；第六，微信的另外一个传播优势是渠道的多媒体性，它将多媒体平

---

① 张超. 浅析微信公众号的传播特征 [J]. 新闻研究导刊, 2018 (6).

台集成共享，可以发图片、文字、视频和语音等，是非常便捷的传输方式；第七，微信的传播效果具有扩散性和准确性。上文提及微信在传播的过程中集人际传播和大众传播于一体，且微信应用最广泛的一个是朋友圈，朋友圈具有扩散性，通过一个人的传播可以传播到另外一个人那里，同时在接收到微信公众号的信息时，通过朋友圈的传播也可以进行扩散传播，因此微信集多种传播于一体。

3. 微信平台的主要价值

微信公众平台及其传播特点。微信平台有两种公众号：一种是订阅号，另一种是服务号。微信公众平台中用户的阅读倾向，体现公众平台是对传统媒体传统模式的回归。公众平台的传播特点是顺应懒用户的信息"推送"模式，三种信息圈即公众号、朋友圈和微信群具有关联效应。公众平台的局限性是：有限的推送次数与媒体时效性冲突，点击率有限，用户黏性难以维持，深度阅读与移动阅读间的冲突，获得粉丝的难度相对较大。

微信平台的价值主要有以下几方面。首先，作为社交平台的价值。微信不仅具有点对点的交流功能，还能通过朋友圈等方式使用户间保持点对点交流之外的更广泛的接触。与其他社交平台相比，微信朋友间更多的是"强关系"。其中，强关系是指个人的社会网同质性较强，即交往的人群从事的工作，掌握的信息都是趋同的，人与人的关系紧密，有很强的情感因素维系人际关系。其次，微信作为媒体的价值，满足了可在一个平台上获取信息、社交等多种需求。公众号是微信中最具媒体属性的应用，但其媒介属性不仅限于公众号，公众号与朋友圈、微信群等相通，公众号推选的内容通过朋友圈进行扩散再者，微信作为营销及服务平台的价值。作为一个移动社交平台，微信的一个重要特点是它实现了线上和线下的连接。最后，微信作为移动互联网入口的价值。2013年微信支付功能诞生，2014年春节微信推出"抢红包"活动。微信支付更广阔的合作领域是电商，先后与京东、大众点评网深度合作。它不仅是一个社交入口，它与人们的生活、服务紧密相连，甚至是一个核心辐射点。

4. 微信平台如何讲好故事

微信是一个传播平台，要充分利用起来。各大传统媒体都在积极开办微信公众号，利用公众号平台积极讲好故事。如央视新闻开办了官方微信公众号。央视新闻每天通过公众号不间断地推送新闻，每天的推送最多达到10次。如早间的时候推送早间新闻节目，早间新闻节目内容大多数是昨天的新闻，在推送的新闻中有要闻、国际、社会与文体新闻，最后还有一个今日提示，提醒今天是什么节日，以及那年今日即多年前的今日发生了什么事件。在早上八九点公众号又会推送几条最新的信息，包括最新的资讯、社会新闻。中午时间，公众号会再次推送午间新闻。最迟的一次推送信息是晚上十点多的夜读，夜读的信息往往比较温馨，如中国记者节推送的夜读新闻是《唯有爱，不可辜负》。

一般来讲，央视新闻在公众号推送的新闻有这样几个特征。首先，推送新闻次数较多，符合新媒体的阅读习惯，除了早间新闻外，其余时段推送的新闻大都较短，适合在零散的时间阅读。其次，央视新闻推送的硬新闻较多。硬新闻是指关系国计民生以及人们切身利益的新闻，往往具有较强的思想性、指导性，主要包括党和国家的重大方针政策，重大时局变化，各类新发明、新成就、新经验、新问题，市场行情，自然灾害等。这类新闻往往对人们的生活影响较大，是人们了解社会、进行决策行动的依据之一。最主要的时效性加强，因此，这类新闻是央视新闻推送的重点新闻。最后，微信公众号作为央视新闻其中的一个推送平台，与电视媒体相互配合，使新闻传播的影响力进一步扩大化。中央电视台新闻频道每天不间断地播放各种新闻，央视新闻报道的新闻往往具有重大的新闻价值，其首推的是重大性的新闻，同时对新闻进行详细的解读，包括专家和各种新闻发布者的解读，而微信公众号推送的新闻只是对央视新闻的配合。

从以上案例可以看出，通过微信平台讲好中国故事就要从以下几方面做起。首先，用多媒体方式讲中国故事。央视新闻在微信公众号上推送新闻时，利用短视频、音频、图片与文字等多媒体方式结合，做到了形式多样、内容丰富。其次，适时推送。主要利用人们接收微信的碎片化特点，在当下已经进入了碎片化阅读的阶段，利用阅读的特点与零散时间随时进行阅读，适时推送，时间不限，可以使用户在方便时阅读信息。最后，与传统媒体配合讲好中国故事。央视新闻在微信公众号推送的新闻一般都是中央电视台播放过的新闻，微信公众号平台和央视大平台相互配合，共同讲好中国故事。

（三）用微博讲好中国故事

1. 微博发展概论

"随时随地发现新鲜事"是微博的官方口号。微博是微型博客的简称，也是博客的一种，是一种通过关注机制分享简短实时信息的广播式社交网平台。微博是一个基于用户关系信息分享、传播以及获取的平台，用户可以通过 WAP 等各种客户端组建个人社区，以 140 字的文字更新信息，实现即时分享。微博的关注机制可以分为单向、双向两种。作为一种分享和交流平台，微博更注重时效性和随意性，可以发布每刻的思想动态和获取最新的动态；博客则偏重梳理一段时间内的所见、所闻和所感，因而微博诞生了微小说这种小说体裁。2014 年 3 月，在中国文本领域独秀一枝的新浪微博改名为"微博"，并推出了新的 LOGO 标识，新浪色彩逐渐淡化；2018 年，微博获得亚运奖年度最佳效果运营奖；同年 9 月，中国科技互联网公司市值排名中，微博排名第 11 位。在 2018 年 11 月新上线的新版本客户端中，微博暂时停止对未满 14 周岁的未成年人开放注册功能。

国内比较为人所知的微博平台有腾讯微博、新浪微博、网易微博与搜狐微博。腾讯微博限制字数是 140 字，有私信功能，支持网页、客户端以及手机平台，支持对话和转播，并具备图片上传和视频分享等功能。新浪微博采取了新浪博客文化的框架，使用了"评论"功能，显得过于正式，与貌似轻松、随意与活力的设计有点不符。在推广策略上，也走新浪博客走过的路，新浪微博是一个类似推特（Twitter）与脸书（Facebook）的混合体，用户可以通过网页、外部程序和收集短信发 140 个汉字，并上传图片和链接视频，实现即时分享。搜狐微博是搜狐旗下的一个功能，如果注册了搜狐通行证，就可以登录搜狐微博直接输入账号登录，可以将每天生活中有趣的事情、突发的感想，通过一句话或图片发布到互联网中与朋友们分享。截至 2018 年，网易微博已经退出，腾讯微博也已经放手，四大门户只有搜狐微博和新浪微博在继续维持。

2. 微博的特征传播优势及如何利用微博讲好故事

微博的特征主要有两个：一个是原创性，另一个是草根性。首先，原创性。微博有 140 个字的空间，每一个有初级水平的人都可以成为潜在的微博使用者，这一点导致大量的原创内容爆发性地被生产。有专家认为，微型博客的出现有划时代的意义，真正标志着互联网时代的到来。博客的出现，将互联网上往社交化媒体推进了一步，公众人物纷纷建立自己的网上形象，然而博客上的形象是经过化妆的；同时，博文的创作有严格的逻辑性，且较大的工作量成为博客作者的负担。微博的开通也标志着信息传播碎片化时代的到来。其次，草根性。博客对写作水平的要求较高，但微博140个字对写作水平的要求较低，且微博广泛的分布在桌面、浏览器和移动终端等多个平台上，有多种商业模式并存，或形成多个垂直细分的领域，但无论是哪种商业模式，都离不开用户的体验和它的基本功能。

具体来说，微博有以下传播优势。首先，信息获取具有很强的自主性、选择性，用户可以根据自己的兴趣爱好，依据对方发布内容的类别和质量，来选择是否关注某客户，并可以对所有关注的用户群进行分类。其次，微博宣传的影响力有很大弹性，与内容质量高度相关，其影响力基于用户现有的关注的数量。用户发布信息的吸引力、新闻性越强，对该用户感兴趣和关注该用户的人数也越多，影响力越大。只有拥有更多高质量的粉丝，才能让你的微博被更多人关注。再次，微博内容短小精悍，发布过程操作简单，任何人都可以通过微博平台发布信息。一些有新闻影响力的人物，更是通过发布信息，来吸引粉丝的注意力。随时发布、随时更新信息，会使粉丝感觉和自己喜欢的明星处于同一个频道。最后，信息共享便捷迅速，即可以通过各种连接网络的平台，在任何时间、任何地点即时发布信息，其信息发布速度超过传统纸媒和网络媒体。可以说微博给网友开通了一个传送信息的窗口，每个人都可以成为信息的发送者，在一定程度上实现了个人传播和大众传播的融合，为后来微信的诞生提供了一定的借鉴。可以说，所有的传媒形态的诞生和发展都不是一蹴而就的。

目前，微博已经成为各大媒体和品牌节目争夺的一块地盘。例如，《谢谢了，我的家》是中央电视台推出的家庭文化传承节目，该节目在播出时开通了官方微博，粉丝达到了七万多人，为节目的推广和传播开辟了一条丰富的渠道。

二、网络媒体如何讲好中国故事

新媒体时代讲好中国故事的叙事策略，就是新媒体时代如何以新媒体的传播形态讲好受众喜欢的故事。传统媒体讲好故事和新媒体讲好故事的方式略有不同，传统媒体是强势媒体，单向传播渠道；新媒体的互动性极强，是双向交流的媒体，因此新媒体在讲述中国故事的过程中更加注重传播的对等性。

在第 28 届中国新闻奖中网络获奖作品中，由华声在线推出的《十八洞的 19 张笑脸》获得了网络作品二等奖。华声在线，是由国务院新闻办批准于 2001 年创办的，是依托《湖南日报》报业集团创办的国家级地方重点新闻网站。经过十余年的发展，华声在线秉承"湖南味道，中华声音"为办网宗旨，从论坛创新，到聚合创新，再到融合创新，已发展成为一个以互联网为核心，覆盖网络、杂志、报纸、手机、数字出版及户外新媒体的跨媒介、跨区域传播平台，成为一个融合不同业务形态和媒介形态的全媒体集团。

《十八洞的 19 张笑脸》这篇网络作品于 2017 年 10 月 10 日发布在华声在线上。采编人员完成了图文、视频的一次采集、多次合成，融合了图文、动漫、音视频与 H5 的表达方式。以报、网、端一体化为融合传播手段，使作品的影响力呈几何级迅速放大；多媒体的表达方式使十八洞的精准脱贫成果传遍了三湘四水，传到了全国各地。画面生动温馨，幸福笑脸十分感人，人物鲜活接地气，被国内各大媒体广泛转发，点击量突破一百万，凸显了融媒体传播威力，彰显了党报、党网端的影响力和引导力。

该作品同时以小见大，通过笑脸这一极具典型意义的意象来反映人民脱贫致富的喜悦之情，以及对习总书记的殷殷嘱托的回应。作品集照片、视频、文字和音乐为一体，特别是每位采访者朴素的语言和浓浓的乡音使得该作品更加接地气，充满浓浓的乡土芳香。

2013 年习近平总书记在考察十八洞村时，首次提出精准扶贫的重要指示。在各级政府和有关扶贫部门的精准扶贫下，经过村民两年多的奋斗，党的十九大召开前夕，十八洞村宣布胜利脱贫。华声在线的工作人员决定用具象的书法，通过村民的笑脸来对这项具有重要意义的扶贫工作做总结。记者在十八洞村与拍摄对象同吃同住一个多星期，用图文、音频记录了 19 位通过养蜂、种猕猴桃等不同途径脱贫的村民最具代表意义的笑脸，创作了融合当地方言的融媒体产品，并在华声在线新闻网站、新湖南客户端和《湖南日报》等媒体同步推出。

从以上网络作品获奖就可以看出，新媒体作品要想产生大的影响力，就必须用多媒体、全媒体角度进行融合报道，同时注重大的选题和新的报道角度，只有这样才能赢得新媒体用户，开拓更广阔的市场。

第四节　新媒体获奖作品案例分析及相关研究

在媒介融合时代，新媒体已经成为主力军。当下，我们要讲好中国故事，就要积极利用新媒体分众化、差异化的传播优势，进行理念、手段和体制等方面的创新，努力提供有思想、有温度、有品质的新闻作品。

一、中国新闻奖网络评论获奖作品分析

中国新闻奖评选办法在评选标准中明确指出网络评论要有鲜明的网络特色。但从第23届中国新闻奖网络评论作品获奖作品看，评奖更多的是单从新闻评论的角度出发，很少结合网络媒介的特质。

中国新闻奖创办于1990年，是由中华全国新闻工作者协会创办的全国综合性年度优秀新闻作品最高奖，也是经中共中央宣传部批准常设的全国性新闻奖。1991年开始评选，每年一届，至2013年已评选了23届。中国新闻奖设立28个评选项目，不仅包括报纸类、广播电台和电视台传统媒体的参评项目，还包括网络新闻作品参评项目。

2005年美国最高新闻作品奖普利策新闻奖开始评选互联网新闻作品，其他因此而成为当年美国新闻传媒业的十大新闻之首。网络新闻作品也在2006年第一次被纳入中国新闻奖。网络新闻获奖作品涉及新闻评论、新闻专题、新闻访谈、网页设计以及新闻摄影、新闻漫画。本文分析的是第23届网络评论的部分获奖作品。

在第23届中国新闻奖评选中，网络新闻奖评论奖项目共8篇作品参选，其中6篇作品获奖。分别为一等奖中国广播网选送的《雷锋，距离我们并不遥远》；二等奖中国江苏网选送的《拒绝空谈：需从学会"不念稿子"做起》及中国宁波网选送的《"道德银行"存入的是诚信，取出的是贷款》；三等奖天山网选送的《有尊严地死去，更须推动伦理和法律地认同》及中国经济网选送的《收入分配改革的关键在"切饼者后拿"》和人民网选送的《"人民"与"责任"，通往明天的关

键词》。

（一）网络评论的特色

新闻评论是针对有价值的新闻事实和社会现象发表意见以指导实践的一种文体，它是新闻媒体发挥正确舆论导向作用的重要社会公器。新闻评论一般来讲有三个特点：强烈的新闻性；鲜明的政治性；广泛的群众性。新闻评论最初体现在报纸上，但是随着网络时代的到来，网络新闻评论逐渐成为影响人们生活和大众舆论的重要载体。网络新闻评论除了具有传统新闻评论的特点外，还显示出了自己特色。

1. 时效性更强

时效性始终是各大媒体竞争的核心点。传统媒体在许多新闻或是突发新闻的处理上，都需要经过一系列采、播、发的过程才能与观众见面，但新媒体则会在事件发生最短的时间内播出，这与新媒体的特性有关。网络媒体自主性更强，开放性更广，时效性更高。诸多的优势给网络媒体的发展提供了更加广阔的空间。借助网络，媒体评论在声音的多元化，发表的时效性和自由度等方面与以前相比有较大变化。学者们对网络媒体的时效性也有自己的观点。丁法章在论述网络新闻评论时认为："网络新闻评论，即时评、政论，它是网友就当日重要新闻在网上发表的个人署名的言论，网络新闻的重要特点，就是快速传播，力求同步传递。网络评论同样如此，应以快速反应，先声夺人见长。"① 学者赵振宇认为与传统媒体相比，网络媒体有自己的特征，就言论的开放度而言，网络评论更为及时、深刻、开放与尖锐。此次参选的网络评论《"官二代"是一枚不理性的标签》是由红网在 2012 年 2 月 27 日凌晨

---

① 丁法章. 全媒体时代党报评论应对方略［J］. 新闻记者，2012（12）.

发表的，针对的事件是 2012 年 2 月 26 日北京晨报一条相关信息与事件报道，前后相差几个小时。《有尊严地死去，更须推动伦理和法律地认同》是天山网根据《中国青年报》2012 年 11 月 21 日的一条报道刊发的评论，首发的时间是 2012 年 11 月 22 日，与事件报道前后相差几个小时。大众网推出的网络评论《于欢案直播，让观众在身临其境中感受到公平正义》使舆论高度关注的于欢案迎来二审，山东省高级人民法院微博直播庭审过程。作者在收看直播的过程中，快速成稿，在庭审结束半小时后在大众网网站、官方微信等媒体平台发布，牢牢把握住舆论主导权，起到了安定人心的作用。

2. 参与性更强，舆论监督力度更大

参与性更强是指网络媒体相比传统媒体，没有太多的限制，每一个网民都可以成为网评者。新媒体最大的特点之一就是它的互动性，媒体不仅仅影响着受众，同时也受到受众的影响。传统的媒体以单向传播为主，而网络媒体在传播信息的同时，还可以得到参与者的反馈，真正实现了新闻的"传播"功能，可以说新媒体的发展加强了受众的话语权。网络新闻评论可分为记者评论、专家评论及普通网民评论。评论主体更加多元化，尤其是广大普通民众的广泛参与是网络新闻评论对传统新闻媒体评论的一个重要发展。网络评论使我国的言论空间得到了极大的拓展，任何一个网民只要有基本的表达能力并且有表达的愿望就可以对自己感兴趣的事物和现象发言，从而进入公众的视野。网络通过汇集四面八方的声音，形成强大的舆论，从而影响政府决策，维护自身利益，推动社会进步。从这个角度看，网络对推动舆论发展的意义是革命性的。

（二）网络获奖作品的特色

第 23 届中国新闻奖共推选的 8 篇网络评论作品，无论是选题、立意，还是论证等层面都显示出了很高的水平。

1. 从选题来看，与入选的传统媒介的新闻作品一样，网络评论的选题都具有重大的政治意义和社会意义

例如，中国宁波网的评论《"道德银行"：存入的是诚信，取出的是贷款》，该作品在评选中指出，评论题材契合当下"中国梦""道德建设""新农村建设""金融服务三农"等大的主题。人民网的评论《"人民"与"责任"，通往明天的关键词》，发表于2012年11月15日下午4点，距新一届中央政治局常委亮相仅仅不到4个小时，该评论抓住了这历史性的一刻，针对习总书记的讲话进行点评和分析，是对国家、人民的忠诚和高度责任感的体现。中国广播网的评论《雷锋，距离我们并不遥远》，是针对2012年3月份雷锋精神饱受"多元化文化价值"理念的冲击，并被一些人利用网络进行质疑的情形所撰写的思想性强、针对性强和旗帜鲜明的网络评论。该评论论点鲜明、以理服人，积极响应社会热点，把握了舆论引导的主动权，现实意义较大。中国经济网的评论《收入分配改革的关键在"切饼者后拿"》是针对2012年百姓最关注的话题之一，即收入分配改革制度所写的一篇评论，该评论从收入分配改革这一重中之重入手，让人们认识到改革的重要性。

2. 从评论的立意上看，观点明确，论点有新意

例如，获二等奖的作品《"道德银行"：存入的是诚信，取出的是贷款》，选取的角度十分精心，紧扣当前农村的现实矛盾与诚信道德问题，对"道德银行"进行了深入的分析和评述，揭示了这一做法的现实意义和实践价值，引起了很好的舆论效果；获得三等奖的作品《有尊严地死去，更须推动伦理和法律地认同》，该评论是针对《中国青年报》发的《生命最后的尊严》一文，理性地探讨了"尊严死"和"抢

救到最后一刻"两种观点的碰撞，言简意赅地论述了"把死亡的权利还给本人，让患者有尊严地死去"这一严肃的公众话题；获得二等奖的评论《拒绝空谈：需从学会"不念稿子"做起》，文章针对当下会海泛滥，套话空话连篇这一弊端，敏锐地从中央新领导集体要求讲话时"不念稿子"这一角度切入，紧扣领导干部话风问题，针砭时事。《拒绝空谈：需从学会不念稿子做起》观点明确，从四个角度出发谈新形势下如何表达。文章认为，表达是行动的先导，要切实转变会风，必须从领导干部学会"表达"入手。只有学会真诚表达，才会有直指人心的话语气场；只有解放个性表达，才能得到草根百姓的广泛认同。该文从小处入笔，大处着眼，将整治会风"公害"的难点，领导干部"不敢"表达的深层心态和人民群众的普遍期待，娓娓道来，视角独特，观点鲜明。

3. 从论证上看，能准确地利用论据，论述有力，对问题进行深刻的分析

在评论《有尊严地死去，更须推动伦理和法律地认同》中，作者指出安乐死是对个人生命权的尊重，患者可以借此摆脱痛不欲生的折磨，但实施起来并非易事。如何去做呢，只能法律和伦理"双管齐下"。在伦理上，必须重构生命伦理规范，倡导新的生命观和死亡观；在法律上，要积极推动立法，让"有尊严地死去"得到法律的认同，这是最重要的。论证简洁有力，虽然不足一千字，却字字有力。评论《收入分配改革的关键在"切饼者后拿"》中，作者用一个很形象的例子去论证：一群孩子分一块蛋糕，为了争切蛋糕的权力吵闹了很久，一位老人路过时，孩子们请教老人如何平息纷争，老人说，你们让谁切蛋糕，谁就最后拿，果然，后来每个孩子都得到了满意的蛋糕。这个例子

说明了收入分配改革就相当于分蛋糕，既形象又有力地解释了收入分配的关键问题，同时文章针对当下有些人存在的"毫不利己，专门利人"的幻想进行批判，通篇文章，深入浅出。评论《"道德银行"：存入的是诚信，取出的是贷款》一文中，作者直接用事实说话，针对观点道德不能用钱衡量的问题，指出在"道德银行"获得贷款直接和道德积分挂钩。同时还算了一笔账，利用道德贷款，比在银行少支付多少利息，指出在推行道德贷款后，村里的现状比以前改观了很多。全文都是用数字、用事实直接说话，整篇文章论证十分有力。

此次推选的网络评论共8篇，6篇获奖，未获奖的两篇分别是：红网选送的《"官二代"是一枚不理性的标签》及荆楚网选送的《武钢养猪，谁该反思？》。这两篇评论分别是针对当时备受关注的新闻热点以及社会上的误读进行评论，阻止了负面信息的发酵，有效地引导了舆论的积极走向。虽然这两篇评论是难得的佳作，但却未获奖，这与中国新闻奖评选的价值观有关。获奖的6篇从选材上看都比较重大，且较好地体现了我国新闻奖评选的价值观。中国新闻奖通过评选优秀新闻作品肯定新闻工作业绩，有利于贯彻党的新闻工作的路线、方针和政策；通过新闻评选推动新闻媒体自觉执行和落实党中央对新闻宣传工作指示的精神和具体要求，有利于形成正确的舆论导向；通过新闻评奖促进多出精品，用精品的示范作用推动新闻媒体把握方向，开拓创新，有利于加强队伍建设，也有利于调动各个方面的积极性，加强全国新闻工作界的大团结。也就是说，开展这项评奖活动的目的，不仅在于检阅我国新闻工作的业绩，推进新闻工作的发展，同时还在于更好地为社会主义现代化建设服务。前面提到的两篇新闻评论文章也针对当时的社会热点很好地引导了舆论，但因为在中国新闻奖体现价值观导向中不如其他几篇影响大而未获奖。

网络评论除了时效性、互动性更强的特点外，在语言风格上也更为通俗，文风上更为犀利，观点上更大胆。在第 23 届中国新闻奖获奖的网络评论中，最长的不超过 1300 字。虽然对于任何新闻作品我们都主张认真组织，精心写作，尽可能地多出精品，但对于网络评论来说需要更加简短一些，也就是要做到既快又好，保证质量的同时还要保证时效性。网络新闻获奖从 2006 年至 2018 年已有 12 年了，但存在一个问题，就是没有很好地突出网络评论的特点。从这几篇获奖的作品可以看出，不论是选材还是文字，除了评论相对简短，与传统媒体的评论并无特异。网络上"麻辣"点评的特点在这几篇新闻评论中都没有体现，更多的是中规中矩的评论。强调网络评论的特色并不是不重视网络评论的质量，而是在保证网络评论质量的前提下，尽可能地展现网络评论的特色。所以，需要结合网络媒介的特点，鼓励更多的作者加入到网络评论的队伍中，激发各个领域、各个层次的网络评论爱好者加入，实现网络新闻评论的新发展。

二、网络媒体如何做好灾难报道

网络媒体通过专题报道、微博及微信等诸多平台在灾难性报道中发挥着越来越重要的作用。然而也存在着新闻失真、娱乐性强等问题，在此针对这些问题提出相关建议，如加强网络新闻立法、对网络记者进行专项训练等措施。

所谓的灾难新闻，是指对新近发生的灾难及其发展、危害、抗灾和救灾等新闻事实的报道。主要案例包括极端天气气候事件（如 2008 年中国南方雪灾）、重大自然灾害（如汶川大地震）、恐怖主义事件（如美国"9·11"事件)、意外安全事故(如2013年青岛石油爆炸事故,2014年马来西亚航班失联事件)和突发群体性事件(如云南昆明火车站砍人事件)等类型。这些灾难性事件可能造成重大人员伤亡、财产损失和生态环境破坏,给人们心理带来巨大冲击,危及公共安全和社会稳定。从新闻学角度来看,灾难性事件具有不可预见性、异常性、冲突性与刺激性等特征,因此短时间内会引起媒体的广泛关注从而成为大众媒体关注的焦点。

近年来媒体的格局正在发生巨大的变化,世界传媒业已经进入了报纸、广播、电视及互联网"多媒体融合"发展的阶段。而互联网已经成为发展势头最强劲的大众传媒。随着现代传媒的发展,各种重大突发事件越来越多地通过网络媒体进入人们的视野,网络媒体逐渐发展成人们获取新闻最快捷的渠道,在突发事件报道中扮演着越来越重要的角色。

(一)网络媒体在灾难报道中的优势及问题

大众传媒肩负责任。近年来随着新闻传媒业的发展及人们思想的改变,在灾难报道中新闻媒体开始持开放的态度,这一改变在汶川地震时表现得尤为突出。汶川地震发生17分钟后,新华网开始滚动发布受灾信息,紧接着各大网站也在第一时间转发这条信息,体现了网络媒体在新闻报道时效上的优势。

美国传播学家梅尔文·德弗勒曾提出媒介依赖理论,即当社会环境出现情况不明的、有威胁性的或迅速的变化,人们缺乏足够的信息对情况的意义做出判断时,往往会高度依赖媒介信息系统。灾难性事件由于给人们正常的生活或秩序带来较大冲击,且在事发之初,很多信息尚处于不清晰的状态,流言就会趁机滋生。在人们急于知道事件真相的时候,网络传播因其例利性和时效性自然而然地承担了反映事实的"传话筒"的角色，从而发挥出极大的作用，但其中的长短优劣，需要我们冷静分析和理智对待。

与报纸、电视与广播媒体相比，网络媒体在灾难报道中有很大的优势。网络媒体能够在第一时间内搜集、整合相关信息，并追踪报道事件最新进展，同时利用丰富的数据资源和超链接功能为大众提供背景资料和相关信息，采用文字、图片以及视频等多媒体手段还原事件。与此同时，网络媒体还可以通过专家解析、网友评论等方式促进网民关注事件的最新进展。

然而，网络媒体在灾难报道中也出现了一系列的问题。

①在网络信息爆炸的时代，网络媒体报道需谨慎，未经核实清楚的信息不能盲目进行转载。比如在 2014 年 3 月马航飞机失联后，新华社多次转载越南媒体、法新社等的报道，称飞机已坠落、飞机已经找到等，但最终都被辟谣。同时要警惕陷入速度的牢笼，为了抢占舆论阵地而丢了消息的真实性和全面性。

②灾难新闻报道中网络媒体有泛娱乐化倾向。一些网络媒体为了吸引受众奉行"娱乐至上"的目的，在灾难新闻报道中不顾受灾群众的感受，拍一些悲伤的图片，或者为博眼球用词不当。从汶川地震相关报道开始，在灾难报道中"加油""祈祷""挺住"之类的心灵式安慰话语就一发不可收拾。在灾难发生的初期，以此来安慰大众的心灵可以理解，但越到后面越遭人反感。一是因为人们开始关注理性和逻辑，二是许多心灵鸡汤似的安慰都变成了媒介营销和推广的工具。

（二）网络媒体如何做好灾难报道

1. 即使是网络在报道灾难事件时也不可能做到"有闻必录"

　　学者喻国明认为：判断一个报道是不是正面宣传，关键是看这一报道是否真正起到鼓舞和启迪人民，为国家富强、人民幸福和社会进步而奋斗的作用。正面报道最具代表性的形式或最高级形式为典型报道，但典型报道也要注意不能盲目。在灾难发生后的48个小时内，记者需要负责的是事实、数据的搜集，以及潜在的危险，而不是从灾民身上得到催泪的信息，况且在那样的环境下，得到的信息也未必是准确的。体现民生，不能光凭"为民请命"的一腔热情，也不能靠大无畏的精神，而要与时俱进，在灾难报道的水平上有质的飞跃，这样才能体现民意，体现民生情怀。西方新闻界有这样的声音：灾难来临之时，正是新闻大兴之时。灾难性事件出现时，人们安全需求受到威胁，大众新闻欲望增强，社会舆论热点与灾难性新闻事件密切相关。社会舆论热点中的质疑、谣言、愤怒与恐慌等多种形式，如果不能有效释疑，可能导致社会的不安定，这时就需要媒体进行客观的解读。灾难性事件分为自然灾害和人为灾害，自然灾害事件中由于普通受众不了解相关信息，媒体需要找相关的专家或权威机构进行解读；对于人为灾难性事件，网络媒体可以利用其优势进行丰富的链接服务，对信息进行分流。网络媒体的互动性、参与性和即时性要求灾后舆论引导应坚持三个原则，即主动提供信息及情况，尽快提供情况，提供全部情况。在满足公众知情权的同时赢得舆论的主导权，能够有效避免流言的传播，以免造成社会恐慌。

　　不同的新闻媒体在新闻信息的取舍上要根据自身媒体的定位和新闻选择的标准进行把关。在灾难报道中，媒体极有可能出现对新闻事件的同题报道，同时媒体在抢占时效性方面有时难以确认事件的真实性，特别是由于网络信息根源的不稳定性，难免出现新闻失真的情况。因此各大网络媒体要针对已经报道出来的新闻进行二次筛选，做到"人无我有，人有我精"。首先，要过滤掉趋同的信息，在保证新闻真实的同时选择有价值的新闻角度进行整合报道。其次，删减不真实的信息，对报道的信息进行鉴别和分析，杜绝虚假新闻。最后，根据网络媒体自身的定位选择相应的信息整合成专题进行报道。在最近几年的灾难报道中，各大网站如新浪、腾讯、凤凰网等都进行了专题报道。新闻信息如果只是进行简单的转载，就依然是"别人的新闻"。网络媒体要做到对新闻进行二次筛选，把零散的新闻信息通过某种方式进行重新组合，最终形成一个条理性的链条。灾难报道中的许多新闻事实不是独立存在而是相互之间存在紧密联系的，网络在新闻整合上可以利用自己的优势，将不同的新闻如文字新闻、图片新闻、新闻音频与新闻视频进行编排形成专题报道，如果能突出自己的独家采访会更好。

2. 灾难报道应遵循"减少伤害"的采访原则

美国职业记者协会的《职业伦理规范》提到："对那些可能因为新闻报道而受到负面影响的人们表示同情，尤其面对孩子和没有经验的消息来源或采访对象时，要特别小心。当采访那些受到悲伤事件影响的人们或使用其图片时，记者要有同情心，谨慎使用图片。要认识到采访和报道可能会对采访对象或公众引起伤害和不安。自以为是追逐新闻是不可取的。"凤凰电视台记者闾丘露薇针对灾难报道如何处理好新闻媒体人的专业精神和伦理精神的问题指出："媒体应该履行自己采访的职责同时也应该恪守伦理，因为在很多情况下，我们还要靠媒体将受灾者的声音传达出去。"对于灾难报道，媒体应该遵循的报道理念是：陈列事实，不予以评价，不引导受众。而受众关心的只有两点，灾难怎么会发生，什么时候开始应对，这是灾难报道的核心价值。

3. 网络媒体可以针对网络的特点对记者进行专业训练，建立灾难新闻应急报道机制

针对灾难新闻记者的专业培训，应包括记者的人员安排、报道前系统的培训、报道的策略研究与应急设备的完善等。这不仅有利于媒体对突发的灾难做出迅速的反映，在激烈的媒体竞争中显示自己的优势，发出自己的声音，也可以使记者的素养得以锻炼。网络新闻具有快捷性，但如何在灾难报道中发出自己的独家声音是制胜的法宝，可以采取一些措施，如制定针对灾难报道的手册，记者平时需准备好采访工具，可以多带几种无线网卡，有条件的还可以带上卫星电话或卫星发射设备等。针对记者进入灾区后如何进行报道，要求必须做到不能收好处费、不能分享灾区群众的食物、不能报道有血腥的镜头，在报道时不能过分夹杂自己的私人感情，在灾难报道中记者报道范围要进行界定等。同时，可以对记者进行定期的培训和防灾训练，如在灾难面前做到新闻客观性和人文关怀的平衡，严格地遵守新闻的职业道德和全身心地投入到报道中，在灾难报道后进行反思与总结，将所有的报道整理成册，提出问题并寻找不足等。

4. 加快相关立法，弥补法律空缺

我们国家是民主法治国家，我们不可能搞信息过滤或者信息封锁，但我们要针对不良信息进行管制。自 20 世纪 90 年代开始，我国先后出台了《计算机信息网络国际联网管理暂行规定》《互联网 IP 地址备案管理办法》《互联网信息服务管理办法》《互联网新闻信息服务管理办法》《互联网视听节目服务管理规定》等条例，但至今仍没有具体规范

灾难性新闻事件网络媒体报道的相关政策出台。我国立法机关必须联合新闻管理部门加快相关法律法规的构建，明确网络媒体的权、责、利，并对利用网络散布虚假消息、影响社会秩序的行为进行惩处说明，在法律层面为网络媒体报道灾难性事件创造良好环境。

三、我国新媒体研究综述

本文旨在对中国新媒体传播研究的总体情况进行回顾和梳理，得出了 2013 年中国新媒体传播研究主要集中在传统媒体转型，包括纸质报刊和期刊类新闻杂志在新媒介环境下实现长效发展的结论。网络舆情，新媒介环境下网络已逐渐成为舆论的主场地。新媒介环境下学术研究主要是新闻专业主义的研究，新闻专业主义的理念在新媒介环境下不仅没有被解构反而得到加强。最后是新媒体技术应用及存在的问题的研究。学者们从多个角度对中国新媒体传播的客观规律进行了广泛而深刻的探索。本文将对学者的观点做进一步的综述。

2013 年，移动互联网、3G、4G、移动智能终端、云计算、微信、微博等新技术、新应用以及新形态在中国传播领域得到进一步的发展强化，中国传统媒体的转型融入新媒体发展的浪潮。新媒体下网络舆情的发展，新媒体环境下新闻专业主义的发展、演变等趋势得到进一步的强化，中国新媒体传播研究也出现新的变化。

本文对 2013 年新媒体传播研究的梳理，重点放在《国际新闻界》《中国记者》《现代传播》《当代传播》《新闻大学》与《新闻记者》等核心期刊上新媒体传播的相关论文。纵观 2013 年有关新媒体传播的研究，概括起来，有以下几点。

（一）传统媒体的艰难转型及其与新媒体的融合

2013 年，纸质媒体、广电媒体等在新媒体迅速发展下面临的转型难题持续成为研究者关注的焦点，新媒体的发展对传统媒体的新闻制作等方面提出了新的挑战。就纸质媒体而言，传统媒体与新媒体如何融合，应该进行怎样的改革，对此，李良荣认为报网互动不是根本出路，最重要的是纸质媒体如何做好自己的新闻，结构规模要"瘦身"，同时要改造报道模式，新闻要做到短、平、快；江小静指出，《新民周刊》在新媒体发展的浪潮中，只有加强新闻性周刊的内容影响力和发挥新媒体平台的优势才能长足发展下去；《新民周刊》做了一系列"整合工程"，将纸质期刊的品牌优势和新媒体的技术优势有效融合，在长足发挥新闻类周刊自己优势的前提下，《新闻周刊》发展的新媒体业务不是附属品，而是其中的一部分；① 潘若松提出，新媒介环境下，地方报纸要想突围，就要让报纸成为生活必需品，要着重做大本地新闻，"办厚报""大而全"，并放下身段提升报纸服务功能，弘扬本土文化，打造公益品牌②。

广电传统媒体也面临着同样的压力。周小普提出由于视频终端，即随着电脑接收电视节目的方式、观众收视方式和生活方式的改变，电视的收视率大幅度降低。他以 CNN 创立的网站为例，提出可以建立公民新闻的长效机制，搭建畅通的信息传递平台，提高受众的参与能力，使公民新闻归为己用，提升新闻反应能力及品牌传播力③。高晓虹指出，

① 江小静．新媒体形态下传统媒体经营的新模式——以新民周刊为例［J］．青年记者．2013（8）．
② 潘若松．新传媒环境下地方报纸如何"突围"［J］．中国记者，2013（5）．
③ 周小普．新媒体冲击下电视观众行为变化［J］．新闻记者，2013（3）．

在新媒体的推动下，中国电视媒体面临着三个转变，由单一媒体向综合媒体转变，由传统媒体向现代媒体转变，由国内传播向国际传播转变。同时传播方式上，由单向传播转变为多向传播。他指出，美国出现了被誉为电视界谷歌数字录像机及附属网络系统 TIVO，使电视获得了搜索引擎功能，充分发挥了观众选择的自主性和电视的互动性，同时他提出新闻的竞争，归根结底不是对新闻源的竞争，而是对新闻解释权的竞争。①

（二）网络舆情的发展及影响

新媒体领域已经成为舆论最活跃的一个场地，在舆论传播方面，李良荣认为，虽然网络成为社会舆论的主阵地，党和政府面临的挑战是不能采用行政手段来管理。如何掌握网络传播的主导权，是所有问题的核心②。王平指出传统媒体仅在网络舆情的二次传播中，扮演着重要角色，在主流媒体、官方舆论及民间舆论之间取长补短，并随着个人媒介素养的提高，越来越多的当事者即网络意见领袖，在公共事件中有更多的发言权且左右着网民的看法。舆论的参与者扩散至当事者双方、普通网民、网络意见领袖、政府等③。也就是网络舆情是多方因素共同的结果，是各种利益集团相互制约的结果。常江在 2013 年发生的复旦学生中毒案中指出，当媒介清晰度较低时，这时候受众就有很高的参与度④，在此案中一些媒体为了抢时效存在着报道时机

①　高晓虹. 美国电视竞争格局及其等略借鉴［J］. 现代传播，2012（8）.

②　李良荣. 新闻传播学研究的转型与前沿的问题［J］. 新闻记者，2013（10）.

③　王平. 突发公共事件网络舆情的形式及演变机制研究［J］. 现代传播，2013（3）.

④　常江. 新媒体时代媒介审判和舆论举例：以复旦学生中毒案为例［J］. 新闻界，2013（1）.

和报道主题两大问题。在刑事案件中，当案件正处于查案阶段时，媒体应节制一点并尊重法治，同时要避免刑事案件报道的娱乐化倾向。① 微博已经成为信息的主流，成为提供服务的重要平台，对网络舆论的监测，越来越依赖新媒体这一技术平台。2013 年，大数据再次成为热点，是依托信息爆炸时代产生的海量数据以及与之相关的信息技术所进行的发展与创新。

（三）新媒体学术研究进展

新闻传播者在新媒体学术研究方面也有进展。吴飞指出新媒体技术的发展并没有瓦解新闻专业主义，相反加强了新闻专业主义的建构②。虽然普通的公众都可以成为新闻信息的传播者，但社会对新闻的诉求只要不变，新闻专业主义就有效。公民记者异军突起，在新闻传播中承担着积极的角色，但这与新媒体技术的发展没有直接的联系。作为新闻专业主义的核心之一，虽然人人都可以成为公民记者，但是新闻领域还是有门槛的。新媒体技术无疑给传统的新闻工作者提出了更多的机遇和挑战，做机器人式的专业新闻写作，仍是对新闻工作者的职业要求。从这个层面上说，新媒体的发展，对新闻专业主义而言，是起激励作用的，而非颠覆性、毁灭性的。同时，专业新闻媒体提供的新闻报道因为有各方面人力物力的保证，所以长久地发展下去的空间是一直存在的。相反，公民记者要做到这一点就不大现实。他最后指出，新媒体技术的发展，不是新闻专

---

① 常江. 专业性与潜规则：中美两起校园伤害事件中的媒体［J］. 新闻界，2013（1）.

② 吴飞. 新媒体革了新闻专业主义的命？——公民新闻运动与专业新闻人的责任［J］. 新闻记者，2013（3）.

业的终结，而是意味着更有力的维护。

胡冀青首先从技术层面对传统媒体是否会被新媒体取而代之做出讨论。他指出，人们的需要从本质上是信息，而至于用什么方式去继承承载信息，只是一个技术层面上的问题。只要做到传统媒体的全媒体化和自媒体化就可以了，所以用技术决定论的观点去看待新媒体必然取代传统媒体的行为是伪证。其次从公民新闻角度看，新媒体的发展是普通公众人人都有"麦克风"，由新闻接收的被动者变为生产新闻的参与者。①但这只是对新闻从业者从各个角度提出的更高的要求，如在时效性上许多信息是网民第一时间在网上报道的，这就要求新闻工作者更应该冲锋在前。新闻是否能达到真正意义上的公民化，从专业主义角度而言，一种职业变为专业要经历过五个阶段；就社会分工而言，新闻的生产需要建立在极其复杂的专业基础上，起始阶段投资巨大。新闻业有组织化、科学化的管理，已经成为一个趋势，而公民根本没有专门精力去完成新闻专业化生产，只是利用时空便利为新闻媒体提供重大的新闻线索。最终得到的结论是新旧媒体之间的博弈不是技术问题，也不是意识形态问题，而是社会问题。

（四）新媒体技术的应用及存在的问题

以移动互联网为核心的新媒体传播技术的创新及网络的升级换代，为新媒体的发展提供了强大的动力。目前，互联网技术正处于更新换代的时期，云计算、移动互联网与智能终端这三大核心技术主导下的信息服务，最终改变了人类之间的交流方式；同时这些新技术因素，也影响

---

① 胡冀青. 自媒体力量的想象：基于新闻专业主义的质颖［J］. 新闻记者，2013（3）.

着媒介融合的进程，跨地域、跨媒介的整合势必成为未来的发展方向。融合只是一种手段而不是最终目的，媒介融合的终极目标是通过融合得到更高层次的发展。

陈堂发提出新媒介环境下应该对隐私权进一步界定并保护①。在新媒体的表达逐步成为个体的生存方式时，隐私保护的正当性问题被提上日程，但目前法律对隐私权没有明确的界定。他认为，隐私的"隐"主要表现在隐私利益诉求，即维护的合理性辨别上，同时还要区分什么是个人信息、什么是隐私保护，要加强对个人信息进行立法保护，从而避免个人信息被非法利用导致的损失。

黄河提出新媒介环境中社会管理出现了很多新的特征，形成了新局面，即正面宣传不堪一提，负面危机成为常态化问题。新媒体下普通网民随时可以向社会管理者发难，而且危机一旦爆发，群体弱化等假设效应容易将广大网民置于对立面。新媒体意见领袖的推波助澜，促使人们向现实发难，如果负面情绪没有得到及时修复，就会导致危机，即使危机过去了，也会形成刻板印象。② 新媒体勾画出的虚拟空间社会扩大了社会管理的范畴，如何有效引导和分析社会的多元意识形态，重构社会主流价值观，是社会管理主体需要考虑的重要问题。首先，要加快新媒体即互联网的立法步伐；其次，要加强对新媒体准入及传播秩序的监督；再次，要加强行业自律，在行业内形成成员的相互规范约束机制，加强社会监督，随着微博的盛行，对新媒体组织舆论监督是最主要的监督方式；最后，要进行媒介素养的教育。媒介素养是指公民利用媒介的

---

① 陈堂发．新媒体环境下对隐私权的认知与保护［J］．新闻记者，2013（8）．
② 黄河．新媒体如何影响社会管理［J］．国际新闻界，2013（1）．

动机、使用媒介资源的方法以及对传媒的判断等，当前媒介素养落后，加强媒介素养知识的提高，势在必行。

总之，在新媒体传播过程中，随着新媒体技术的更新，新媒体产业更加复杂多元化。如今，中国新媒体传播研究也非常活跃，研究者对新媒体传播现象的深入研究，为中国新闻传播的发展，奠定了坚实的理论基础。

参考文献

[1] 董晓玲. 事例典型，导向正确——评第 26 届中国新闻奖一等奖作品《629 户人的藏乡走出 359 名大学生》［J］. 青年记者，2017 （1）.

[2] 董晓玲. 第 26 届中国新闻奖文字消息作品评析［J］. 青年记者，2017 （8）.

[3] 董晓玲. 浅析《黄河晨报》对河东文化的传播［J］. 新闻世界，2016 （10）.

[4] 董晓玲.《面对面》栏目的制胜策略［J］. 青年记者，2018 （2）.

[5] 董晓玲. 小切口展现大主题——评一篇第 27 届中国新闻奖电视消息类一等奖作品［J］. 视听，2018 （10）.

[6] 董晓玲. 家国情怀的叙事策略——《谢谢了，我的家》成功之道探析［J］. 当代电视，2018 （8）.

[7] 董晓玲. 第 23 届中国新闻奖网络评论获奖作品分析［J］. 新闻世界，2014 （6）.

［8］董晓玲.网络媒体如何做好灾难报道［J］.新闻世界，2014（5）.

［9］董晓玲.2013年我国新媒体传播研究综述［J］.今传媒，2014（6）.

［10］袁媛.基于大数据的纸媒转型策略研究［J］.编辑学刊，2018（5）.

［11］陈燕侠.《老郭脱贫记》：新闻故事的"中国式"讲述［J］.新闻爱好者，2017（4）.

［12］覃信刚.新时代中国特色广播强起来若干重要问题研究［J］.中国广播电视学刊，2017（10）.

［13］覃信刚.永不掉队：广播的昨天、今天和明天［J］.中国广播，2018（6）.

［14］申启武，王灿.媒体融合时代广播的创新发展之路［J］.现代传播，2016（2）.

［15］申启武.坚守与突围：广播媒体发展的战略选择［J］.现代传播，2017（5）.

［16］申启武，张天.广播媒体：在发展中稳步前行［J］.新闻战线，2016（2）.

［17］申启武.新媒体时代的广播发展趋势［J］.传媒，2016（8）.

［18］沈正斌.新媒体时代广播的生存困境、发展机遇及其实现路径［J］.中国广播，2016（7）.

［19］郑佳武.论融媒体时代电视媒体的突围［J］.出版广角，2018（8）.

［20］梁玉峰.《黄河晨报》的新闻报道现状、问题与对策［J］.新闻世界，2015（1）.

［21］唐绪军，黄楚新.新时代中国新媒体发展现状、趋势与对策［J］.中国报业，2018（8）.

［22］匡文波."新媒体"概念辨析［J］.国际新闻界，2008（6）.

［23］黄芙蓉.对新媒体概念定义的再思考［J］.十堰职业技术学院学报，2013（6）.

［24］谭天，张冰冰.电视与新兴媒体融合的新生态与新变局［J］.新闻与写作，2015（4）.

［25］谢晓芹.新媒体对电视媒体的影响及经营策略研究［J］.新闻研究导论，2018（1）.

［26］高晓娜.手机媒体对大学生的影响研究——以运城学院为例［J］.今传媒，2016（12）.

［27］严功军."逐梦他乡重庆人"传播策略与效应分析［J］.新闻战线，2016（13）.

［28］于运全.一个具有创新示范意义的传播案例［J］.新闻战线，2016（13）.

［29］路熙娜.网络传播时代纸质媒体的发展策略［J］.中国传媒科技，2014（2）.

［30］李明文.视觉文化时代纸质媒体的易读性追求［J］.东南传播，2007（4）.

［31］李卫东，贾瑞雪.社交网络时代中国纸质媒体转型策略研究［J］.新闻大学，2017（3）.

［32］肖玉清．信息图：纸媒视觉化的转型之路［J］．青年记者，2016（26）．

［33］赵玉明．新中国广播电视事业的特点［J］．新闻与写作，2005（11）．

［34］覃信刚．广播强国建设若干重大问题［J］．中国广播电视学刊，2012（1）．

［35］陈珺．试论新时期广播如何提高传播力［J］．传播力研究，2018（9）．

［36］原方平，詹欣．新媒体叙事如何讲好中国故事［J］．中国报业，2018（6）．

［37］左兴．新方式、新传播讲好新时代的中国故事［J］．北方传媒研究，2018（2）．

［38］程爱侠．文化类节目朗读者的创新策略［J］．当代电视，2017（8）．

［39］崔怡．文化类电视节目的成功探索［J］．当代电视，2017（8）．

［40］潘岗．"逐梦"采访展现新闻工作者执着情怀［J］．新闻战线，2016（13）．

［41］张恒．周播栏目、日播思维——从《面对面》看专题栏目如何应对新闻提速［J］．电视研究，2011（9）．

［42］胡智锋．新时代、新使命、新理念——寄语中国电视事业发展60年［J］．电视研究，2018（10）．

［43］曾祥敏．我们需要什么样的故事——故事经典模式与媒体融合语境下的变迁［J］．电视研究，2016（12）．

[44] 谭天, 张冰冰. 电视与新兴媒体融合研究综述 [J]. 新闻爱好者, 2015 (10).

[45] 王义保. 电视媒体综合转型的困境与出路 [J]. 平顶山学院学报, 2018 (3).

[46] 赵振园. 关于电视传统媒体与新媒体融合发展的思考 [J]. 科技传播, 2018 (1).

[47] 黄美琦. 新媒体语境下的电视媒体生存困境及突围之道 [J]. 记者摇篮, 2018 (9).

[48] 胡智锋. 生产传播营销打造媒介融合时代电视媒体新主体 [J]. 电视研究, 2014 (11).

[49] 黄楚新, 彭韵佳. 2017 年中国媒体融合发展报告 [J]. 现代传播, 2018 (4).

[50] 耿红伟. 新媒体背景下我国电视新闻媒体的创新策略 [J]. 西部广播电视, 2018 (1).

[51] 黄楚新. 国内广播新媒体发展现状及趋势 [J]. 中国广播, 2018 (8).

[52] 郭全中. 2016 年新媒体产业发展回顾 [J]. 新闻与写作, 2017 (8).

[53] 来沅辉. 对新媒体概念的重新思考 [J]. 西部学刊, 2018 (8).

[54] 黄楚新. 关于电视传统媒体与新媒体融合发展的思考 [J]. 科技传播, 2018 (1).

[55] 邓文卿. 新形势下深化中国广播电视体制改革的三个关键 [J]. 中国广播电视学刊, 2014 (8).

［56］李良荣．新闻传播学研究的转型与前沿的问题［J］．新闻记者，2013（10）.

［57］潘若松．新传媒环境下地方报纸如何"突围"［J］．中国记者，2013（5）.

［58］周小普．新媒体冲击下电视观众行为变化［J］．新闻记者，2013（3）.

［59］高晓红．浅析传媒格局下电视与新媒体的相互借力与共赢［J］．新闻界，2013（2）.

［60］曹燕．新第25届中国新闻奖评选有哪些特点［J］．新闻与写作，2015（12）.

［61］梁衡．中国报业五十年［J］．新闻传播，1999（6）.

［62］聂志腾．叙事学视域中报纸新闻［D］．长沙：湖南师范大学，2007.

［63］余丽蓉．中国报业新媒体转型研究［D］．武汉：武汉大学，2014.

［64］欧若男．数字化背景下报业全媒体转型策略研究［D］．济南：山东师范大学，2012.

［65］唐绪军．中国新媒体发展报告（2018）［R］．北京：社会科学文献出版社，2018.

［66］方汉奇．中国新闻事业通史［M］．北京：中国人民大学出版社，1999.

［67］郑超然．外国新闻事业通史［M］．北京：中国人民大学出版社，2000.

［68］陆晔，赵民．当代广播电视概论［M］．上海：复旦大学出

版社，2011.

　　［69］梁玉峰．融合趋势下的媒体发展策略研究［M］．北京：光明日报出版社，2016.

　　［70］匡文波．新媒体概论［M］．北京：中国人民大学出版社，2012.

　　［71］刘明华．新闻写作教程［M］．北京：中国人民大学出版社，2002.